십이지
동물,

어휘 속에 담긴
역사와 문화

이 저서는 2018년 대한민국 교육부와 한국연구재단의 지원을 받아 수행된 연구임(NRF-2018S1A6A3A02043693)

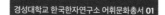

경성대학교 한국한자연구소 어휘문화총서 01

십이지
동물,
어휘 속에 담긴
역사와 문화

김시현·이진숙·최승은·최식 지음

따비

일러두기

- 단어 및 사자성어 등의 뜻풀이는 표준국어대사전에 따랐다.
- 외래어 및 외국어의 한글 표기는 국립국어원 규정을 원칙으로 하되, 국내에서 널리 사용되는 표기
  는 관행을 따르기도 했다. 단, 중국 인명의 경우 신해혁명(1911년) 이전의 인물은 한자의 한국어 발
  음으로 표기했다.
- 글자의 의미는 같되 음이 다른 경우 [ ] 안에 해당 한자 및 외국어를 병기했다.
- 각 장 표지의 그림은 〈김유신묘 십이지신상군〉의 해당 동물이다.

〈어휘문화총서〉를 펴내며

경성대학교 한국한자연구소는 2018년 한국연구재단 인문한국
플러스(HK+) 지원사업(과제명: 한자와 동아시아 문명 연구—한자로드
의 소통, 동인, 도항)에 선정된 이래, 한자문화권 한자어의 미묘한 차
이와 그 복잡성을 고려한 국가 간 비교 연구를 수행해왔습니다.
이 총서는 그러한 연구의 한 결과를 대중에게 전달하고 널리 보급
하려는 목적으로 기획되었습니다.

한자 문화권 내의 어휘는 그 속에 사용자의 사고와 정서, 그리
고 더 넓은 문화적 요소를 반영함으로써 미묘한 의미 차이를 가집
니다. 이러한 어휘의 사회문화적 맥락에 대한 이해는 단순히 그 어
휘의 의미를 파악하는 것 이상의 중요성을 가지며, 이를 통해 어
휘는 물론 문화에 대한 심층적 이해가 가능해집니다. 본 〈어휘문

화총서〉는 이러한 접근법을 취하며, 동아시아 한자문화권에서 사용되는 한자어를 매개로 하여 각각의 문화적 특성을 조명하고 있습니다. 또 서양 어휘문화와의 비교 연구를 통해 동서양 어휘문화의 상호작용과 이에 대한 다양한 통찰을 제공하려 노력하였습니다. 이 시리즈는 2023년 '십이지 동물 편'과 '어류 편'을 시작으로, '동식물 어휘', '물명 어휘' 등 특정 주제별로 계속해서 출간될 계획입니다.

본 연구의 진행 과정에서, 원고를 집필해주신 교수님들과 진행을 총괄해주신 최승은 교수님, 그리고 편집 및 교정을 맡아주신 도서출판 따비의 신수진 편집자께 깊은 감사의 말씀을 드립니다. 이 연구는 연구소 소속 교수님들이 주제를 직접 선정하고 집단 연구를 통해 집필하는 방식으로 추진되었습니다. 이런 방식을 통해 국가 간 및 학제 간 학술적 소통과 협력이 촉진되고, 이를 통해 한자 연구의 기반이 더욱 탄탄해질 것으로 기대하고 있습니다. 이러한 과정은 학문적 이해의 폭을 넓히고, 더욱 다양한 시각에서 한자어의 복잡성과 문화적 특성을 탐색하는 데 기여할 것입니다. 이울러 우리의 연구가 동아시아 한자문화권의 언어와 문화를 더 깊게 이해하고 평가하는 데 도움이 될 것으로 기대합니다.

본 연구는 우리가 속한 한자문화의 깊이와 폭을 탐색하는 것뿐만 아니라, 동아시아와 서양 사이의 어휘문화 비교를 통해 보다 포괄적인 문화 이해를 도모하려는 시도입니다. 본 연구의 성과가 독자 여러분들에게도 깊고 다양한 통찰력을 제공할 수 있기를 바라며, 앞으로도 끊임없는 연구와 노력을 계속하겠습니다.

2023년 7월
경성대학교 한국한자연구소
소장 하영삼

• 차례 •

십이지와 동물

십이지(十二支)는 십이진(十二辰)이라고도 하며, 동아시아의 역법(曆法)에서 사용되는 간지(干支)에서 뒤쪽에 붙는 열두 가지를 말한다. 십간(十干)을 천간(天干)이라 부르고 십이지를 지지(地支)라고 일컫는다.

또한 고대 천문학에서 일 년의 열두 달을 표기하기 위해 만든 별자리 단위를 의미한다. 천구(天球)상의 적도(赤道)를 기준으로 12등분한 별자리로서, 자(子)에서 시작해 축(丑)·인(寅)·묘(卯)·진(辰)·사(巳)·오(午)·미(未)·신(申)·유(酉)·술(戌)·해(亥)로 이어진다.

이후 십간과 더불어 날짜와 달, 해를 나타내는 단위로 쓰이며, 태어난 해에 따라 띠를 나타내기도 한다. 즉, 목성(木星)이 천구상 자년(子年)의 자리에 있을 때 태어나면 쥐띠가 된다. 이처럼 축(丑)

은 소띠, 인(寅)은 호랑이띠, 묘(卯)는 토끼띠, 진(辰)은 용띠, 사(巳)는 뱀띠, 오(午)는 말띠, 미(未)는 양띠, 신(申)은 원숭이띠, 유(酉)는 닭띠, 술(戌)은 개띠, 해(亥)는 돼지띠다.

십이지 열두 동물 설화에 따르면, 옥황상제가 달리기 시합으로 동물들의 지위를 정하고자 했을 때, 꾀돌이 쥐가 가장 부지런한 소의 등에 몰래 타고 있다가 결정적인 순간에 약삭빠르게 뛰어내려 일등을 거머쥐게 되었다. 또한 쥐와 고양이가 원래부터 사이가 나빴던 것이 아니라 이 시합 때 잔꾀가 많았던 쥐가 고양이를 두고 혼자 시합에 가는 바람에 고양이가 쥐를 미워하게 되었다는 설도 있다.

십이지와 이에 대응하는 열두 동물은 동아시아에서 공통적으로 받아들이고 있지만, 시기, 국가, 민족에 따라 해당하는 동물이나 순서가 다른 경우가 존재한다. 중국의 한족(漢族), 회족(回族), 장족(藏族), 하니족[哈尼族], 나시족[納西族] 등은 그 종류와 순서가 한국과 동일하나, 호랑이, 토끼, 뱀, 말, 양 등을 다른 것으로 대신하거나 순서를 달리한 중국 소수민족도 있다. 동한(東漢) 초 왕충(王充)의『논형(論衡)』「물세편(物勢篇)」과「언독편(言毒篇)」은 최초로 현재와 동일한 십이지를 동물과 대응시킨 문헌으로 알려져 있다. 그런데 1970년대 중국 후베이성[湖北省]에서 출토된 진간(秦簡: 진秦대의 죽간)「일서(日書)」에 십이지 동물이 등장하는데, 대부분『논형』과 동일하다. 따라서 이는 기존의『논형』보다 200여 년 앞선 기록인 셈이다.

조선시대 이수광(李睟光)은 십이진(十二辰)을 열두 동물에 배속시킨 이유를 이렇게 설명했다.

십이진에서 자(子)는 쥐, 축(丑)은 소, 인(寅)은 호랑이, 묘(卯)는 토끼, 진(辰)은 용, 사(巳)는 뱀, 오(午)는 말, 미(未)는 양, 신(申)은 원숭이, 유(酉)는 닭, 술(戌)은 개, 해(亥)는 돼지다. 살펴보건대,『설부(說郛)』에서 "자·인·진·오·신·술은 모두 양(陽)이기 때문에 기수(奇數: 홀수)를 가진 동물을 인용하여 이름을 붙인 것이다. 즉 쥐·범·용은 모두 발가락이 다섯 개씩이고, 말은 통굽이며, 원숭이·개도 발가락이 다섯 개씩이다. 축·묘·사·미·유·해는 모두 음(陰)이기 때문에 우수(偶數: 짝수)를 가진 동물을 인용하여 이름을 붙였다. 즉 소는 발굽이 둘로 갈라져 있고, 토끼는 입술이 갈라졌으며, 뱀은 혀가 두 갈래이고, 양과 닭과 돼지는 모두 발톱이 네 개다."라고 하였다. 그 설이 이치가 있는 듯하다.*

십이진을 우선 음과 양으로 양분하고, 음의 특징(짝수)을 지닌 동물은 음에 배속시키고 양의 속성(홀수)을 지닌 동물은 양에 배속시키는 이론이다. 이수광도 일리가 있다고 인정한 바와 같이, 동물을 음양론에 따라 분류하는 방법은 조선시대 지식인들에게 무

---

* 『芝峯類說』권1,「時令部」, '歲時': "十二辰, 子鼠丑牛寅虎卯兔辰龍巳蛇午馬未羊申猴酉鷄戌狗亥猪也. 按『說郛』云: 子寅辰午申戌, 俱陽, 故取奇數爲名, 鼠虎龍, 皆五指, 馬單蹄, 猴狗, 亦五指也, 丑卯巳未酉亥, 俱陰. 故取偶數爲名. 牛兩蹄兔缺唇蛇雙舌羊鷄猪, 皆四爪也. 其說似有理."

난히 수용되었다. 발가락, 발톱, 발굽, 입술, 혀의 숫자가 홀수인지 짝수인지에 따라 양과 음으로 구분하는 발상으로, 나름대로 동물의 성상(性狀)에 근거하여 분류한 것이다.

한편, 조선시대 장유(張維, 1587~1638)는 십이진의 열두 동물을 차례로 등장시켜 문학적으로 형상화했다(『谿谷集』 권34, 「十二辰詩」). 한 행마다 동물이 하나씩 등장하며 모두 전거(典據)와 고사(故事)를 활용하고 있는데, 쥐와 관련한 석서(碩鼠)를 필두로 돼지에 해당하는 저간(豬肝)에 이르기까지, 열두 동물과 관련 고사를 차례로 등장시켜 시상을 전개한다.

석서 시를 지을 필요도 없고	有詩不須賦碩鼠
우각 노래 부를 필요도 없나니	有歌不須叩牛角
호혈(虎穴)의 범새끼 얻는 일 어찌 나의 일이리오	探虎取子豈我事
망전(忘筌)이라 이제는 유유자적하노라	得兎忘蹄堪自適
용 잡는 재주 기막혀도 결국 소용없는 법	屠龍雖巧竟無用
모든 일이 그야말로 사족(蛇足)이 되었나니	萬事眞成蛇着足
하택 수레에 조랑말 매어 타고	下澤之車款段馬
한 말 술에 양고기 복랍을 즐기면 그뿐인걸	斗酒烹羊娛伏臘
원숭이 나무 잃고 벌벌 떨고 있는데	騰猿失木只掉慄
닭싸움 시키는 어린애들 집 안에 황금이 가득가득	鬪鷄小兒金滿屋
마침 자허 추천하는 구감 있으리니	會有狗監薦子虛
돼지 간 때문에 안읍에 폐를 끼치지 말지어다	莫將猪肝累安邑*

    십이지의 열두 동물은 인간과 매우 친밀한 동물로, 인간 생활 전반에 걸쳐 매우 밀접한 연관을 맺고 있다. 이는 〈김유신묘십이지신상군(金庾信墓十二支神像群)〉에서도 드러난다. 십이지신상은 문관복을 입고 얼굴은 방향에 따라 해당되는 동물의 형상을 하고 있으며, 손에는 삼지창이나 검 또는 도끼 등의 무기를 들고 다양한 자세를 취하고 있다. 또한 각 신상의 동물 얼굴은 그 특징을 살려 세부까지 사실적으로 묘사했고, 옷자락도 자연스럽고 능숙한 솜씨로 표현하고 있다. 본문 각 장의 표지 그림이 바로 이 〈김유신묘십이지신상군〉의 해당 동물이다.

제 1 장

잔꾀로 차지한 십이지의 으뜸 · 쥐

子는 쥐다

동아시아에서 쥐는 십이지의 으뜸이다. 쥐는 앞발가락이 4개, 뒷발가락이 5개로, 음과 양, 처음과 끝, 생과 사를 상징할 수 있기 때문에 맨 앞이라고 한다. 또한, 십이시(十二時)는 각 시를 상징하는 동물이 가장 활발하게 활동하는 시간인데, 첫 번째 시간을 나

그림 1-1 한나라 기와에 새겨진 쥐(왼쪽)와 토끼(오른쪽)

타내는 '자시(子時)'는 쥐의 주요 활동 시간인 23시부터 1시까지를 가리킨다.

그림 1-2 통일신라시대 청동십이지상-쥐

쥐를 나타내는 한자는 鼠(서), 鼢(함), 鼉(타), 鼶(돌), 鼉(박), 鼹(아), 鼴(병), 鼵(자), 鼬(타), 鼹(양), 鼧(광) 등 여러 글자가 있으나, 鼠가 『논형(論衡)』, 「일서(日書)」, 『주서(周書)』 등에서 십이지의 子와 함께 언급되기도 하고, 부수자로서 가장 보편적인 글자라고 볼 수 있다.

- 子는 쥐다.*
- 예전에 무천진에서 너희 형제를 낳았는데, 첫째가 쥐띠이고 둘째가 토끼띠이고 네가 뱀띠다.**

갑골문	초계간백	설문	진계간독	해서

그림 1-3 鼠 자형의 변천

___

* 『日書』: "子, 鼠也."
** 『周書』 권11, 列傳 3: "昔在武川鎭生汝兄弟, 大者属鼠, 次者属免, 汝身属蛇."

제1장 │ 쥐

오늘날 쥐를 가리키는 한자 鼠를, 한(漢)나라 허신(許愼)이 쓴 중국 최초의 자전(字典)『설문해자(說文解字)』는 "구멍에 사는 동물의 총칭[穴蟲之緫名也]"이라고 기술했다. 鼠는 쥐의 모습을 본떠 그린 상형자로, 갑골문에서는 벌린 입과 긴 꼬리를 특징적으로 그렸으며, 소전체(小篆體)에서는 쥐의 벌린 입과 이빨을 더욱 강조하여 앞니로 물건을 씹는 설치류 동물의 특징을 묘사했으며, 두 발과 꼬리까지 더욱 구체적으로 묘사해 오늘날 鼠 자의 모습이 되었다.[1]

- 갑골문(甲骨文)은 상(商)나라 때 딱딱한 거북 껍질이나 동물의 뼈 위에 칼로 새긴 문자다.
- 초계간백(楚系簡帛)은 전국시대 초(楚)나라의 죽간(竹簡)이나 목간(木簡), 포백(布帛)에 기록된 문자를 말한다.
- 설문(說文)은 소전체(小篆體)를 가리킨다. 『설문해자(說文解字)』의 저자인 동한시대 허신(許愼)이 소전체의 대표적인 자서가이기 때문에 설문(說文)이라고 부른다. 소전(小篆)은 전국시대 진(秦)나라의 문자로, 자형이 정연하고 필획이 고르다.
- 진계간독(秦系簡牘)은 전국시대 진(秦)나라의 죽간이나 목간에 기록된 문자를 말한다.
- 해서(楷書)는 위진남북조(魏晉南北朝)시대에 확립된 서체로, 모범이 되는 표준체로 삼을 만큼 단정한 글씨체다.

중국에서는 왜 쥐를 '라오수'라고 부를까?

현대 표준 중국어에서 쥐를 뜻하는 단어는 鼠에 접두사 '라오
[老-]'가 붙은 라오수[老鼠]다. 중국어에서 십이지 동물 중 접두사
老-가 붙는 것은 라오수와 호랑이 라오후[老虎]뿐이다. 많은 중국
남방 방언에서도 쥐를 '라오수[老鼠]'라고 한다. 중국어 어휘에 사
용되는 접두사 老-는 글자 그대로 '늙다'라는 뜻을 나타내는 것
이 아니다. 일반적으로 사람을 나타내는 말에 붙어 라오펑유[老朋
友: 오랜 친구, 친한 친구], 라오구커[老顧客: 단골손님], 라오바이싱[老
百姓: 국민, 대중]과 같이 오래되고 친근한 관계를 나타낸다. 그러나
라오수[老鼠]의 老-는 실질적인 의미가 없다는 것이 일반적인 견
해다.

청다오[青島], 지난[齊南], 청두[成都], 뤄양[洛陽] 등에서 사용하
는 중국 북부 방언에서는 쥐를 하오쯔[耗子]라고 부르고, 우한[武
漢]에서는 '큰 어르신'이라는 의미의 까오다예[高大爹]나 표준 중
국어에서 손님을 뜻하는 단어인 커런[客人]이 쥐를 의미하는 단어
로 쓰이며, 쌍펑[雙鳳], 창사[長沙] 등에서도 '귀한 손님'이라는 의
미의 가오커[高客]로 쥐를 나타낸다. 또한, 원창[文昌], 하이커우
[海口], 차오저우[潮州], 산터우[汕头] 등지에서 사용하는 민남어와
싱가폴·방콕 등에 거주하는 화교들이 사용하는 민남어에서는 쥐
를 마오수[貓鼠]라고 하는데, 쥐의 천적인 고양이를 가리키는 마오
[貓]와 쥐를 가리키는 수[鼠]를 붙여서 쥐를 가리키는 단어로 사

용한다. 쥐로서는 평생 편하지 않은 위치에 놓이게 된 셈이다. 상하이[上海]에서는 쥐를 라오충[老虫]이라고 부르는데, 여기에 사용되는 虫은 곤충, 벌레를 의미하는 것이 아니다. 고대 중국에서는 虫을 동물의 총칭으로 사용했다. 또한 중국 북방에는 虫에 구멍을 뜻하는 穴(혈)을 합쳐 쥐를 쉐충[穴虫]이라고 부르는 곳도 있다.[2]

또한, 고대 중국의 한 방언에서는 박쥐를 쥐로 부르기도 했다. 중국 한나라 양웅(揚雄)이 당시 지역 방언을 기록한 『방언(方言)』에 따르면, 중국 고대 관동(關東) 지역에서 박쥐를 라오수[老鼠]라고 불렀다. 현대 중국어로는 박쥐가 벤푸[蝙蝠]인데, 관동에서는 푸이[服翼]나 페이수[飞鼠]로 부르거나 라오수[老鼠]로 불렀다는 것이다.*

중국에서 쥐는 힘껏 농사지어 거둬들인 곡물을 도둑질하고 갉아먹는 탓에 미움을 받는 동물이다. 주로 밤에 활동하며 조그맣지만 약삭빠르고 곡식 창고에 몰래 들어가 곡식을 훔쳐 먹는 모습으로 인해 비천하고 보잘것없는 존재 혹은 도둑을 비유적으로 일컫는 데 사용되곤 한다. 『시경(詩經)』의 「석서(碩鼠)」**에 '큰 쥐'가 등장하는데, 큰 쥐가 내 기장을 갉아먹고, 보리도 갉아먹고, 싹도

---

* 『方言』 권8: "蝙蝠, 自關而東謂之服翼, 或謂之飛鼠, 或謂之老鼠."
** 『시경』은 중국 최초의 시가 총집이자 동아시아 시가 문학의 원조라고 볼 수 있는데, 총 305편의 시편이 수록돼 있다. '국풍(國風)', '아(雅)', '송(頌)'으로 이루어져 있는데, 「석서」는 국풍에 있는 시다. (위키실록사전 http://dh.aks.ac.kr/sillokwiki/index.php/%EC%8B%9C%EA%B2%BD%28%E8%A9%A9%E7%B6%93%29 참고)

갉아먹는다.

> 큰 쥐야 큰 쥐야, 내 기장을 먹지 마라.　　碩鼠碩鼠 無食我黍
>
> 큰 쥐야 큰 쥐야, 내 보리를 먹지 마라.　　碩鼠碩鼠 無食我麥
>
> 큰 쥐야 큰 쥐야, 내 싹을 먹지 마라.　　碩鼠碩鼠 無食我苗

이 '큰 쥐'는 가렴주구하는 탐관오리를 비유적으로 표현한 것
이다. 이와 같이 쥐를 부정적인 존재로 비유하는 표현은 현대 중
국어에서도 마찬가지로 쓰인다. 쥐를 뜻하는 라오수[老鼠] 또는 하
오쯔[耗子]에 글자를 더해 만든 신조어로는 '타인의 전기를 훔치
는 사람'을 가리키는 뎬라오수[電老鼠], '탈세하는 사람'을 비하해
서 이르는 수이하오쯔[稅耗子], '기름을 넣어 쓰는 설비를 망가뜨
리고 기름을 불법으로 판매하는 사람'을 폄하해 이르는 유하오쯔
[油耗子] 등이 있다.

좋다가도 밉고, 밉다가도 좋은 쥐와의 영원한 애증 관계

쥐는 '서생원(鼠生員)'으로 불리며, 예로부터 친근한 이미지로 우
리 생활 속에 함께했다. 쥐는 다산과 풍요로움을 상징하기도 하
고, 작고 미천한 것, 간신, 수탈자, 도적 등을 상징하며 사람을 부
정적으로 비유하여 묘사하는 등 긍정적인 이미지와 부정적인 이
미지를 동시에 갖고 있다.

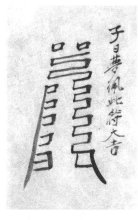

그림 1-4 풍요를 기원하는 쥐 부적
(국립민속박물관 소장)

쥐는 많은 양식을 비축하는 습관으로 인해 풍요를 상징하며, 강한 번식력으로 인해 다산(多産), 다복(多福)의 상징이었다. 풍년을 기원하는 뜻으로 임금이 상자일(上子日: 새해 첫 쥐 날)에 신하들에게 태운 곡식의 종자를 담아 나누어주었는데, 이때 곡식 종자를 담은 비단 주머니를 쥐주머니, 즉 자낭(子囊)이라고 했다.* 또한, 중국 남방의 난창[南昌]이라는 지역에서는 새해를 맞이할 때 대문을 활짝 열고 차이선[財神: 재물의 신]을 맞이하는 풍습이 있다고 하는데, 밤에 쥐가 들어오는 것을 차이선[財神]이 들어오는 것으로 여긴다고 한다. 또한, 우리나라 민속신앙에서 풍요를 기원하기 위한 부적에 쓴 글자가 바로 鼠자다.

쥐는 동아시아에서 모두 전통적으로 풍요로움을 상징하기도 하지만, 또한 인간에게 해를 끼치는 동물로도 인식되어 부정적으로 표상된 언어로 나타나기도 한다. 쥐는 작은 몸집에 겁과 의심이 많고 경각심이 높기 때문에 시야나 도량이 좁은 사람, 즉 소인배에 비유되기도 하고, 간신·수탈자·도적 등 부정적인 상징으로 나타나기

---

* 『東國歲時記』,「正月」: "燒穀種, 盛于囊, 頒賜宰執近侍, 以際祈年之意, 始有亥囊·子囊之稱."

도 하며, 작고 하찮은 것을 상징하기도 한다. 『시경』「소아·우무정 (小雅·雨無正)」의 "속 끓이는 생각으로 피눈물을 흘리니 아프게 하지 않는 말이 한 마디도 없구나[鼠思泣血, 無言不疾]."라는 시구에서 볼 수 있듯이, 서(鼠)는 소인이나 간신배 혹은 지나치게 소심하여 일을 제대로 못 함을 비유하기도 하고, '속 끓여 병나다' '근심하다' 라는 의미로 파생되기도 했다.

동아시아에는 쥐와 관련된 고사와 사자성어가 많은데, 쥐는 주로 부정적인 의미를 나타낸다. '외로운 병아리와 썩은 쥐'라는 뜻의 고추부서(孤雛腐鼠)는 미천한 사람이나 천한 물건을 비유적으로 이르는 말이고, '성 안에 사는 여우와 사당에 사는 쥐'라는 뜻의 성호사서(城狐社鼠)는 직호사서(稷狐社鼠)라고도 하는데, 임금의 곁에 있는 간신의 무리나 관청의 세력에 기대어 사는 무리를 이르는 말이다. 또한 '쥐나 개처럼 몰래 물건을 훔친다'는 뜻의 서절구투(鼠竊狗偸)는 좀도둑을 이른다.

쥐를 한시집의 제목으로 삼다

조선시대에도 쥐는 종종 부정적인 상징으로 쓰였다. 일찍이 신위(申緯, 1769~1845)는 한시 모음집의 제목을 '창서존고(倉鼠存藁)' 라고 지었다. 그는 자신이 이미 벼슬에서 물러났음에도 여전히 녹봉을 받고 있는 모습이 마치 '쥐가 창고의 곡식을 훔쳐 먹는 것'과 같다고 비유하고, 스스로 이를 경계하고자 시집의 제목을 지었다고 했다.*

　한편, 쥐의 쓸개, 간, 눈, 머리, 꼬리 등 쥐의 신체 부위도 쥐의 부정적인 특징을 나타내는 상징으로 종종 사용된다. 쥐의 쓸개는 담력이 약함을 이르는 말인 서담(鼠膽)으로, 쥐의 간인 서간(鼠肝)은 많은 고전에서 작고 보잘것없는 것, 미천함의 상징으로 사용된다. 『장자(莊子)』「대종사(大宗師)」에서 유래한 서간충비(鼠肝蟲臂)란 '쥐의 간과 벌레의 팔'로, 아주 보잘것없고 미천한 것을 비유한다. 조선시대의 여러 문장에서도 서간은 보잘것없는 미천함의 상징으로 종종 사용되었다. 다음은 하찮고 부질없음을 서간으로 표현한 장유(張維)의 시다.

몸이란 마치도 뜬구름이라	是身如浮雲
일어났다 사라짐 집착할 게 없어서지	生滅了無着
새앙쥐 간이 되든 풀벌레 팔이 되든	鼠肝與蟲臂
슬픔 기쁨 감정 없이 똑같이 여기면서	等視泯悲樂
저 멀리 이 세상 밖을 노닐며	逈出陶鑄外
늘상 거침없이 유유자적하였었지	洒然常自適**

---

* 『警修堂全藁』책13,「倉鼠存藁」1, '倉鼠存藁序': "余自乙酉秋得脚疾, 凡三歲間, 效駿奔之勞者僅一, 參起居之班者纔四, 郊外迎鑾者再, 遇慶禮而趨拜舞之列者三. 外此除拜, 輒以疾解, 顧軍銜受祿則自如也. 深有媿乎歐陽公歸田錄序所謂徒久費大農之錢, 爲太倉之鼠語耳. 錄近作古今體詩爲集, 爰取倉鼠字以名之, 用自徹焉."
** 『谿谷集』권25,「患河魚少愈 信筆書懷 示淸陰竹陰」.

그런데 쥐의 신체 부위 중 귀한 것으로 평가받는 것이 있는데, 바로 수염과 털이다. 예부터 쥐의 수염으로 만든 서수필(鼠鬚筆)과 쥐의 털로 만든 서호필(鼠毫筆)은 귀한 고급 붓으로 꼽혔다. 미천하고 보잘것없음의 대명사인 쥐로서는 매우 반가울 일이었을 테지만, 성호(星湖) 이익(李瀷, 1681~1763)은 쥐 수염으로 만든 붓의 품질에 불만이 있었던 듯하다.

　왕희지(王羲之)는 서수필로 「난정첩(蘭亭帖)」을 썼고, 위부인(衛夫人)의 「필진도(筆陣圖)」에는 토호필(兎毫筆)로 상품을 삼았으나, 두 가지는 다 유하기만 하고 강함은 부족한 것이다. 쥐 수염은 억세고 질긴 듯하지만, 털끝이 너무 뾰족하고 가늘다. 너무 뾰족하고 가늘면 반드시 유하므로, 역시 이 한 가지 쥐 수염만으로는 붓을 만들 수 없는바, 반드시 족제비[黃鼠] 털로 심을 박고 쥐 수염은 겉만 입혀야 붓이 좋다. 그렇게 하지 않으면 너무 유해서 쓸 수가 없다. 내가 일찍이 이 서수필을 시험 삼아 써보았더니, 족제비 털로 넣은 심은 오히려 남아 있는데 겉에다 입힌 쥐 수염은 이미 무지러져서 순족제비 털로 만든 붓만 못하였다. 그런데 옛사람은 대부분 유한 털로 만든 붓을 좋다 하였으니, 이것은 옛날과 지금이 숭상하는 것이 달라서 그런 것일까? 혹은 높은 산 절벽 속에 서리 맞은 토끼털이 족제비 털보다 더 억세었던 까닭에 이위(李衛)가 토호필을 취하게 되었던 것일까?

　소식(蘇軾)의 서수필에 대한 시에, 시렁 위에 꽂은 붓은 창·칼처럼 억세다[挿架刀槊健]라고 하였으니, 이로 말하면, 옛사람도 역시 억센 붓을 취하였던 것이다.*

쥐의 신체 부위와 관련된 한 가지 재미있는 기록이 있다. 이의현
(李宜顯, 1669~1745)은『경자연행잡지(庚子燕行雜識)』에 청나라에
서 난생처음 보게 된 코끼리의 모습을 구체적으로 묘사하면서 코
끼리의 신체 부위 중 한 곳을 쥐의 신체 부위 중 한 곳과 비슷하다
고 기록했다. 과연 어느 곳일까?

코끼리 다섯 마리가 밖으로부터 들어오는데 바라다보니 마치 언덕
같다. 동서로 나뉘어서 황제의 수레 곁에 섰는데 모두 금색 안장을 씌웠
고, 노란 헝겊을 덮었다. 코끼리 하나마다 사람이 그 위에 타고 앉아서
부리는데, 이것이 이른바 상노(象奴)라는 것이다. 코끼리 코는 길어서 땅
에 닿고, 좌우 어금니는 사오 척이나 된다. 눈은 작아 소의 눈과 같고 입
술은 코 밑에 있는데 뾰족하기가 마치 새의 부리와 같다. 귀는 크기가 키
[箕]와 같으며, 온몸이 회색이고 털은 짧다. 꼬리는 뭉툭하여 쥐 모양과
같다. 꼴을 가져다가 그 앞에 던져주자, 코끼리가 코로 가져다 말아서 차

---

* 『星湖僿說』권4,「萬物門」, '鼠鬚筆': "大王以鼠鬚筆寫蘭亭, 而衛夫人筆陣圖, 却以
兎毫爲上品, 兩者皆柔而欠硬. 鼠鬚則雖若剛靭, 其末甚尖纖, 尖纖則必柔, 亦不能獨
自造成, 必以黃鼠毛爲心, 鼠鬚爲飾然後爲佳. 不然, 不堪用. 余曾試之, 黃鼠之心尙
存, 而外裹鼠鬚已禿, 反不若純用黃鼠者也. 古人多言柔毫, 或者古今異尙而然耶? 又
或崇山絶仞中霜兎, 其剛過於黃鼠, 故李衛取之耶? 蘇氏鼠鬚筆詩云, 揷架刀槊健, 以
此言之, 古人亦取剛矣."

례차례로 입 속으로 넣는다. 입은 깊이 있고 코는 굽었기 때문에 말아서 가져가기가 몹시 어렵지만 입에 가까워지면 입 안에 넣는 것은 몹시 빠르다.*

사람들의 눈을 피해 창고와 땅속으로만 다니며, 보잘것없는 미천함의 대명사였던 쥐의 꼬리가 황제의 행차를 엄호하는 귀한 코끼리의 꼬리를 비유하는 데 사용되다니, 쥐구멍에도 볕들 날이 다 있다. 아니, 쥐꼬리도 출세할 날이 있다.

에도시대 인기 반려동물 쥐

중국에서와 달리, 쥐는 일본에서 꽤 좋은 대접을 받았다. 에도시대[江戶時代]에는 쥐를 애완동물로 기르기도 했는데, 심지어 쥐 사육 지침서까지 간행될 정도로 크게 유행했다.

오사카에서 1775년에 출판된 최초의 쥐 사육서인 『요소타마노카케하시[養鼠玉のかけはし]』는 특이한 쥐를 많이 기르고 있던 '쥐덕후'가 같은 취미를 가진 사람들과 정보를 공유하기 위해 쓴 책

---

* 『庚子燕行雜識(上)』, 「雜識」: "五象自外入來, 望之如丘山. 分東西立於黃屋之傍, 皆着金鞍, 覆以黃帕. 每象有人坐其上以制之, 卽所謂象奴也. 象鼻長至地, 左右牙四五尺許. 眼小如牛目, 唇在鼻底. 尖如鳥喙. 耳大如箕, 渾身灰色, 毛淺尾禿若鼠形. 將芻束投其前, 象以鼻取而捲之, 漸引入口. 口深而鼻曲故, 捲去甚艱, 旣近於口, 納之甚速."

제1장 | 쥐

이다. 이 책은 쥐의 여러 종류를 삽화와 함께 설명하고, 또한 쥐 기르는 방법 등을 설명하고 있다. 또 다른 쥐 사육서인 『진간소다테쿠사[珍翫鼠育草]』(1787)도 쥐의 종류, 쥐에게 주는 먹이, 사육법, 번식법, 질병의 치료법, 쥐 우리 제작법 등을 상세하게 설명하고 있는데, 저자는 "요즘 들어 많은 이들이 쥐를 귀여워하여 즐기는데, 기뻐할 만한 세태의 증거가 아닐 수 없다[今又こぞって鼠を玩ぶこと目出度き御代のしるしなりと端書して言う]."고 하며, 자신과 같은 '쥐덕후'가 늘어감을 기뻐했다. 애완용 쥐를 기르기 위한 옛 일본인들의 애정과 열정을 느낄 수 있는 것 같다.

일본 고유어에서 쥐를 뜻하는 네즈미(ネズミ)의 어원에 관해서는 다양한 설이 존재한다. 먼저, 도둑질을 뜻하는 누스미[盗み]에서 누(ヌ)가 네(ネ)로 변한 것이라는 설(『니혼샤쿠묘[日本釈名]』)이 있는데, 쥐가 도둑질을 하는 동물이기 때문에 붙여진 이름이라고 보는 것이다. 다음으로 네누스미[寝盗]에서 온 말로, 사람이 자고 있는 동안에 식량을 훔친다 하여 붙여진 것으로 보는 설(『와쿤노

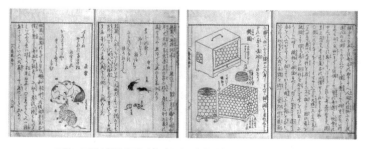

그림 1-5 일본 최초의 쥐 사육서 『요소타마노카케하시』(1775, 저자 미상)

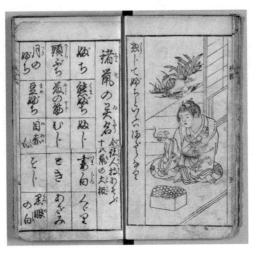

그림 1-6 에도시대의 쥐 사육서 『진간소다테쿠사』(1787, 저자 미상)

시오리[和訓栞]』)이 있다. 마지막으로, 네(ネ)는 네노쿠니[根の国: 저승]의 암흑의 세계를 의미하는 네[根]에서, 스미(スミ)는 '살다/서식하다'를 의미하는 스무[棲む]에서 온 말로서, 어두운 곳에서 서식하는 동물이기 때문에 붙여진 이름이라고 보는 설(『도가[東雅]』) 등이 있다. 이처럼 네즈미(ネズミ)의 어원은 쥐의 습성이나 서식하는 장소를 반영하고 있다.

일본의 가장 오래된 관찬 사서인 『고지키[古事記]』에는 역사 기록뿐만 아니라 일본의 건국 신화 등 다양한 신화와 전설이 실려 있다. 그중 건국 신화와 연관된 일화 중에 쥐와 관련된 내용이 등장한다. 신화 세계에서 저승을 의미하기도 하는 네노가타스쿠니[根之堅州國]를 방문한 오쿠니누시노카미[大国主神]가 스세리비메

[須勢理毘売]에게 구혼하자 그녀의 부친인 스사노오노미코토[須佐之男命]에 의해 갖가지 시련을 겪게 된다. 이때 오쿠니누시가 쥐의 도움으로 위험에서 벗어날 수 있었다는 이야기다. 이를 통해 쥐가 고대부터 저승에 사는 동물이라는 관념이 있었던 것을 알 수 있다.

농작물이나 기물 등을 훔치거나 상하게 하는 특성 때문에 쥐와 관련된 일본어 어휘는 좀도둑을 뜻하는 소조쿠[鼠賊], 소토[鼠盗] 등 부정적인 것이 많다. 한편, 왕성한 번식력으로 인해 다산과 풍요와 관련된 표현에도 쥐가 자주 등장한다. 네즈미잔[鼠算]이 대표적인 예로, 에도시대 서민용 산학(算學) 교재로서 큰 인기를 얻었던 『진코키[塵劫記]』(1627)에 처음 나타난 표현으로 여겨진다. 이 책에 쥐와 관련한 계산 문제가 제시된다. 정월에 부모 쥐가 자식을 12마리 낳아 쥐는 모두 14마리가 되었다. 이 14마리 쥐가 2월에는 7쌍의 부모가 되어 각각 12마리씩 낳으면 전부 98마리가 된다. 매달 한 번씩 부모, 자식, 손자, 증손자 모두 12마리씩 낳으면 12월에 과연 몇 마리가 될 것인가 하는 문제와 276억 8,257만 4,402마리라는 답을 찾는 풀이 과정이 등장한다.* 이 때문에 일본에서는 '기하급수적으로 불어남'을 표현할 때 쥐의 번식력을 빗대 '네즈미잔시키니 후에루[鼠算式に増える]'라고 한다.

---

* 『塵劫記』 권4 제6.

그림 1-7 메이지 18년(1885) 발행된 일본은행태환은권 1엔권

앞서 언급한 오쿠니누시노카미 신화의 영향으로, 쥐는 고대 때부터 '구제자, 신의 사자'라는 이미지를 가지고 있다. 특히 흰쥐를 뜻하는 단어 '시로네즈미[白鼠]'는 충실한 고용인이라는 의미가 있다. 반대로 주인의 금품을 축내는 고용인은 '구로네즈미[黒鼠: 검은쥐]'라고 한다. 일본의 민간신앙에서 숭배하는 칠복신* 중 한 명으로, 음식의 풍요를 담당하는 부엌의 신 다이코쿠텐[大黒天]의 가미노쓰카이[神使: 신의 사자]가 바로 쥐다. 여기서 유래하여 쥐

---

* 어부와 상인의 신 에비스[恵比寿], 음식과 풍요를 관장하는 신 다이코쿠텐[大黒天], 북방을 수호하는 신이자 무력을 이용해 가난의 신과 잡귀를 퇴치하는 비샤몬텐[毘沙門天], 지식과 예술, 미, 음악을 관장하는 신 벤자이텐[弁財天], 행복과 부, 장수의 신 후쿠로쿠주[福禄寿], 풍요와 건강을 상징하는 신 호테이[布袋], 지혜의 신 주로진[寿老人]이 있다.

가 인간에게 재물을 가져다주는 동물로 신성시되고 주인의 충복이라는 이미지가 생긴 것으로 보인다. 1885년 발행한 일본 최초의 태환화폐인 일본은행태환은권 1엔권에는 칠복신과 함께 쥐의 그림이 삽입되기도 했다.

미키마우스만큼 사랑받지 못했던 서양의 쥐

쥐에 해당하는 영어 단어에는 mouse와 rat이 있다. mouse와 rat은 설치목[Rodentia]의 쥣과[Muroid]에 속하지만 서로 속[genus]이 다르다. 생쥐[mouse]의 학명은 '무스 무스쿨루스(*Mus musculus*)'다. 쥐[rat]는 크게 곰쥐[black rat]와 시궁쥐[brown rat]로 나뉘는데, 각각의 학명은 '라투스 라투스(*Rattus rattus*)'와 '라투스 노르베기쿠스(*Rattus norvegicus*)'다. 흥미로운 것은 시궁쥐의 학명이 '노르웨이 쥐'를 의미하는 *Rattus norvegicus*라는 점이다. 이것은 『영국 자연사 개관(Outlines of the Natural History of Great Britain)』(1769)의 저자인 영국의 자연박물학자 존 버켄하우트(John Berkenhout)의 오인에 기인한 것으로 보인다. 그는 시궁쥐가 1728년 노르웨이 배에서 영국으로 옮겨 온 것으로 생각해 '라투스 노르베기쿠스'라는 학명을 붙였다. 이 오해는 오랫동안 지속되어 현재에도 이 종의 학명으로 남아 있다.

rat과 mouse를 엄격히 구분할 수 있지만, 일반적으로 설치류 혹은 설치류와 유사한 포유동물 중 크기가 15센티미터 이상인 것을 흔히 rat이라 하고 15센티미터 이하인 것을 mouse라 부른다. mouse는 rat과 의미가 중첩되는 부분이 많다. 그러나 rat이 비열한 사람을 가리키는 반면, mouse는 작고 약하고 소심하고 겁먹은 사람을 가리킨다. 지금을 잘 사용되지 않지만, mouse는 과거에 남자가 애인인 여자에게 사용하는 단어이면서 성매매하다 걸린 여성을 가리키는 속어였다. mouse가 들어간 관용어에는 'play a cat and mouse'가 있다. 이것은 고양이가 쥐를 죽이기 전에 가지고 놀듯이, 사람을 두고 장난을 칠 때 사용되는 관용적 표현이다.

'아내나 여자 친구를 두고 다른 여자와 바람을 피우는 남자'를 가리켜 love rat이라고 한다. 어떤 사람을 rat이라 부르는 것은 욕이다. 영어에서 rat이 사람과 관련되어 사용될 때는 대부분 변절자, 밀고자, 배신자의 의미를 갖는다. 이는 배가 가라앉을 것 같거나 집이 무너질 것 같으면 그곳을 먼저 떠나는 쥐의 속성을 사람에게 빗댄 것으로 볼 수 있다. 특히 이런 기회주의적 변절자의 비유는 정치적 맥락에서 많이 사용된다. 자기 당이 위험에 처했을 때 신념이나 원칙을 버리고 개인의 이익을 좇아 다른 당으로 옮겨가는 정치인을 가리켜 rat이라고 하는데, 우리의 '철새 정치인'에 해당하는 표현이다. rat을 사용하는 관용적 표현에 'to smell a rat'이 있다. 이는 '고양이가 보이지 않는 쥐의 냄새를 맡다'에서 파생되어 '의심하다' '이상한 낌새를 채다' '구린 냄새를 맡다'라는 뜻을 나타낸다. rat race는 극심한 생존경쟁을 뜻한다. 영어에서 rat이 포함된 관용 표현은 주로 부정적인 의미다.

십이지 동물 중 토끼와 쥐는 그리스 신화에서 주도적인 역할을 하지 않고 등장하는 빈도로 적다. 고대 그리스의 몇몇 문헌에 등장하는 어둠의 신 아리마니우스(Arimanius)가 rat을 좋아했다고 하지만 확실한 근거를 찾기는 어렵다. 그리스 신화에서 아폴론은 음악의 신과 예언의 신이기도 하지만 갑작스런 재앙과 전염병을 내리는 신이기도 하다. 아폴론의 별칭에 '아폴론 스민테우스(Apollon Smintheus)'가 있다. smintheus의 의미에 대해 몇몇 가설이 있다. 가장 유력한 가설은 에게 지역의 방언에서 smintha가 mouse를 의미하므로 '아폴론 스민테우스'는 'the god of mice'라는 것이다. 호메로스는 아가멤논이 아폴론을 모시는 사제인 크리세스(Chryses)의 딸 크리시스(Chrysis)를 강간하여 욕보였기 때문에 아폴론이 이에 분노하여 그리스에 전염병을 보낸 것으로 「일리아스」를 시작한다. 이 부분에서 Apollon Smintheus가 처음으로 언급된다.

서양 문화에서 rat과 mouse의 재현은 다른 양상을 띤다. rat이 비열한 이미지가 강한 반면 디즈니의 애니메이션 〈미키마우스〉의 성공으로 mouse는 귀엽고 현명하며 강자에게 굴복하지 않는 지혜로운 약자의 이미지를 갖게 되었다. 〈미키마우스〉가 처음 만들어진 1930년대는 독일의 나치 정권이 유대인을 더러운 인종으로 낙인 찍어 몰아내고자 했던 시기다. 〈미키마우스〉가 미국뿐 아니라 유럽에서도 큰 인기를 얻자 나치는 미키마우스를 "아라안 청년의 안티테제의 상징으로 상정하고 격렬하게 비방했다."[3]

그림 1-8 한국어판 『쥐』 1권과 2권 표지

　나치는 유대인에게 쥐처럼 병균을 퍼뜨리는 해로운 인종이라는
프레임을 씌웠다. 나치 정권은 유대인은 쥐, 폴란드인은 돼지로 비
유해 자신들의 인종 청소에 정당성을 부여하고자 했다.

　아트 슈피겔만(Art Spiegelman)은 폴란드 유대인인 자신의 아버
지가 나치 정권의 유대인 학살에서 살아남은 과정을 그래픽노블
로 그려 '쥐[Maus]'라는 제목으로 발표했다. 이 작품에서는 유대인
을 쥐, 폴란드인을 돼지, 미국인을 개, 독일인을 고양이, 프랑스인
을 개구리로 의인화했다. 작가는 아우슈비츠를 경험한 생존자인
부모를 쥐로 등장시켜 현재에도 지속되는 그들의 트라우마를 표
현한다. 독자들은 쥐의 형상을 강제로 덮어쓴 유대인을 통해 유대
인에 가해진 상징적 폭력을 목격하게 된다. 슈피겔만은 가해자가

　　　　　　　　　　　　　　　　　　　　　　　제1장 | 쥐

씌운 상징의 재구성을 통해 나치가 부여한 쥐의 상징을 해체한다.
이 작품은 1992년에 만화로는 최초로 퓰리처상을 수상했으며, 국
내에서는 1994년에 번역 출간되었다.

제 2 장

아낌없이 주는 근면 성실의 대명사 · 소

크게 굽은 뿔과 두 귀, 牛

십이지 중 두 번째 동물인 소는 농경 사회에서 가장 중요한 가축이다. 십이시에서 두 번째 시간을 나타내는 '축시(丑時)'는 소에게 중요한 시간인 1시부터 3시까지를 가리킨다. 반추동물인 소는 이 시간대에 먹은 것을 반추하여 천천히 씹어 삼킨다.

십이지를 정하는 경주에서 성실하고 근면한 소는 아침 일찍 제일 먼저 출발해 우직하게 결승점을 향해 갔는데, 쥐한테 당하지만(?) 않았으면 아마 일등이 되었을 것이다.

그림 2-1 십이지신도 중
축신 벌절라대장(丑神 伐折羅大將)

소를 나타내는 한자인 牛는 소의 모습을 본떠 만든 상형문자다. 소의 전체 모습으로도 보이지만, 자세히 관찰하면 소의 머리를 나타내는 것을 알 수 있다. 갑골문과 금문 등 문자의 초기 형태를 살펴보면, 위쪽은 크게 굽은 뿔을, 그 아래의 획은 두 귀를, 세로획은 머리를 간단하게 상징화한 것을 알 수 있다. 牛는 부수로도 많이 사용되는데, 犁(쟁기 려) 자를 통해 정착 농경을 일찍 시작한 중국에서 소가 농경의 주요 수단이었고, 犧牲(희생)이라는 단어를 통해 소가 조상신에게 바치는 제물로 자주 사용되었음을 알 수 있다.[4]

갑골문	금문	초계간백	설문	진계간독	해서

그림 2-2 牛 자형의 변천

『훈몽자회(訓蒙字會)』(1527), 『신증유합(新增類合)』(1576) 등 중세 국어 문헌에 근거하면, 소는 '쇼'라고 했다가 근대 국어 이후 활음(滑音)이 탈락하면서 지금의 '소'가 되었다.

소는 근면 성실, 우직함, 순함의 대명사다. 소의 힘과 순한 성격은 경작에 주요한 노동력을 제공할 뿐만 아니라 수레를 끌며 짐의 이동을 돕는 중요한 운송 수단이기도 했고, 젖과 살, 꼬리, 심지어 뼈까지 사람들에게 식량으로 제공했다. 그래서 소는 머리부터 발끝까지 버릴 것이 없다는 뜻으로 '소는 하품밖에 버릴 게 없다'라는 말을 쓰기도 한다. 또한 예전에는 소가 주요 가산(家産)으로,

그동안 얼마나 많은 집에서 소를 팔아 자식들을 학교에 보냈는가. 예전에는 가난한 농가에서 소를 팔아 마련한 학생의 등록금으로 세운 건물이라는 뜻으로, 흔히 대학을 부르는 상아탑(象牙塔) 대신 우골탑(牛骨塔)이라고 부르기도 했다.

소는 살아생전 그리고 사후까지, 자신의 모든 것을 아낌없이 인간에게 제공하는 고마운 동물이다. 아낌없이 주는 소에 대한 사람들의 마음은 경북 칠곡의 〈소타령〉이라는 민요에도 잘 나타나 있다.

> 허허 네 이름이 소로구나 / 위 있고 겸손하고
> 부지런도 할서이고 / 남을 위해 몸 바치고
> 사람에게 점잖으기 / 네 몸밖이 또 있을가
> 온갖 짐승 다 있어도 / 모도모도 꾀만 피고
> 노래나 질기빼고 / 할 일 없이 다니노니
> 밉생코도 밉생코나 / 온갖 곡식 해치우니
> 죽어야 마땅하지 / 너는 천지 무궁토록
> 살고 살고 지꼬 살아 / 천하 백성 도아다고
> 평야 광야 너른 들도 / 네 몸 아니면 뭐가 된다
> 허허 네 이름이 소로구나[5]

소는 그 유용함과 온순함으로 인해 우리 언어에서 많은 상징으로 사용된다. 우리에게 소는 조금은 느리지만 우직하고 성실하여 믿음직한 존재로 비쳐진다. 크고 선한 인상을 풍기는 눈을 우리는 소의 눈과 같다고 비유한다. 느리고 순하고 우직한 소의 이미지에 빗댄 여러 가지 속담 혹은 관용적인 표현이 있는데, '느린 소도 성낼 적이 있다'는 성미가 무던해 보이는 사람도 화낼 때가 있음을 나타내고, '소같이 벌어서 쥐같이 먹어라'는 소처럼 꾸준하게 힘써 일하여 많이 벌어서는 쥐처럼 조금씩 먹으라는 뜻으로, 일은 열심히 해서 돈은 많이 벌고 생활은 아껴서 검소하게 하라는 말

그림 2-3 김식의 〈마른 나무와 소〉

이다. 또한, '느릿느릿 걸어도 황소걸음'은 속도는 느리나 오히려 믿음직스럽고 알차다는 말이고, '걸음새 뜬 소가 천 리를 간다'라는 말은 소는 비록 걸음이 굼뜨기는 하지만 한결같이 꾸준히 걸어가 마침내는 천 리를 간다는 뜻으로, 꾸준히 노력하면 큰 성과를 낼 수 있음을 비유적으로 이르는 말이다. 북한에서도 소는 비슷한 상징으로 쓰이는데, 입이 무거운 사람이 덕이 있다는 뜻으로 '소는 말이 없어도 열두 가지 덕이 있다'라는 말이 있다.

그러나 이런 우직함은 때로는 융통성 없는 고집불통의 모습으로 나타나기도 하는데, 이를 비유하는 표현이 바로 그 유명한 '쇠심줄'(소의 힘줄)과 '황소고집'이다. '소 죽은 귀신 같다'라는 말은 소가 고집이 세고 힘줄이 질기다는 데서 유래해 몹시 고집 세고 질긴 사람의 성격을 비유적으로 이르는 말로 쓰인다.

중국에서 '소 불기 왕[吹牛王]'은 허풍쟁이

같은 농경 문화권인 중국에서도 소가 상징하는 것은 한국과 거의 유사하다. 고대에 소는 농경, 교통, 군사 등 여러 방면에 활용되었다. 소는 부지런히 일해 인간의 생계에 실질적이고 직접적인 도움을 주었다. 그래서 민간에서는 소의 생일까지 정했다. 경우절(敬牛節) 또는 우왕절(牛王節)이라고 불리는 이날에는 농부도 소를 쉬게 하고, 가장 좋아하는 음식을 먹이고, 소의 신에게 제사를 지내는 등 소의 노고에 감사하는 활동을 했다.

온라인 중국어사전 '재선한어자전(在線漢語字典)'(http://xh.5156edu.com)에는 牛 관련 성어와 관용어 총 139개가 수록되어 있으며, 이 중 비유적 의미를 갖는 것은 46개다. 牛는 외형적 특성인 큰 몸집을 반영해 '큼'의 의미적 특징이 두드러지며, 전쟁 및 농경 생활에서 소를 이용한 데서 비롯된 '전쟁' '농사'의 의미 또한 가진다. 이 밖에도 '재물' '느림' '건장함' '근면함' '우둔함' '힘이 셈' 등의 의미도 함께 나타난다.

소의 근면함을 반영하는 단어인 라오황뉴[老黃牛]는 묵묵히 성실하게 남을 위해 봉사하는 사람을 비유하고, 루쯔뉴[孺子牛]는 '어린아이를 위한 소 노릇'이라는 뜻으로, 국민 대중을 위해 기꺼이 봉사하는 사람을 비유하는 단어다. 황소는 중국어로도 황뉴[黃牛]인데, 한국에서와 같이 중국에서도 근면의 상징이다. 그런데 이 단어는 중국에서 '밀입국 따위를 알선해주는 브로커' '거간꾼/암표상'의 의미로 쓰이기도 해, 암표를 황소표라는 뜻으로 황뉴퍄오[黃牛票]라고 한다.

소의 뛰어난 능력은 성어에도 나타나는데, 볜다콰이뉴[鞭打快牛]는 '빨리 달리는 소에 채찍질하다, 능력자에게 짐을 더 지우다'라는 의미로, 우수한 개인이나 기업에게 더 많은 책임과 임무를 지우는 것을 가리키고, 쥬뉴얼후즈리[九牛二虎之力]는 아홉 마리의 소와 두 마리 호랑이로, 굉장히 큰 힘 혹은 엄청난 노력을 의미한다. 이 밖에 중국에서 소는 '대단하다, 엄청나다'라는 의미의 형용사로도 사용된다. 예를 들면 다음과 같다.

- 헌뉴[很牛]: 아주 소다!
- 페이창뉴[非常牛] 매우 소다]!
- 타이뉴러[太牛了]: 너무 소다!
  → 멋지다, 대단하다

한국에서 황소고집이라고 하듯이, 중국에서도 고집이 센 성격을 뉴피치[牛脾氣], 즉 '소 성격'이라고 표현한다. 소의 고집스러움을 반영하는 단어로 뉴싱[牛性: 황소고집], 뉴치[牛氣: 거만하다, 고집이 있다], 뉴질[牛勁兒: 대단한 힘, 큰 힘, 완고함, 고집] 등도 있다. 뉴치충톈[牛氣沖天]은 소의 힘이나 고집이 하늘을 치솟을 정도로 대단하다는 뜻인데, 사업이나 일이 나날이 번창하고 잘된다는 의미로 개업 등을 축하할 때 사용하거나 기세 또는 기운이 하늘을 찌를 정도로 높다는 표현으로도 사용된다.

근면하고 성실하고 힘이 센 소가 간혹 우둔함의 상징으로 나타나기도 하는데, 대표적인 성어가 두이뉴탄친[對牛彈琴], 즉 '쇠귀에 거문고 타기'다. 우리나라 속담에서는 소의 귀에 경을 읽어주었는데, 중국에서는 소에게 거문고를 들려주었다.

소와 관련된 재미있는 중국어 표현이 있는데, 바로 추이뉴[吹牛: 소 불기]*다. 추이뉴[吹牛]는 직역하면 '소를 불다'인데, '허풍을 치다, 허풍을 떨다'라는 뜻으로 사용된다. 추이뉴[吹牛]가 '허풍을 치다'라는 의미를 갖게 된 유래는 이렇다. 중국 고대에는 소나 양의 가죽으로 뗏목을 만들어 강을 건넜는데 그 가죽 안에 바람을 불어넣는 일은 매우 힘든 작업이었다. 그래서 누군가 자신이 동물 가죽에 바람을 불어넣을 줄 안다고 말하면 그가 허풍을 떤다고 생각했다는 것이다.

중국어에서 소의 각 부위는 여러 상징으로 쓰인다. 소의 뿔인

---

* 추이뉴피[吹牛皮]라고도 한다.

딩뉴얼[頂牛兒]은 소가 서로 뿔로 떠받는 모습에서 비유되어 '의견이 맞부딪치다, 서로 다투다, 정면 충돌하다'의 의미를 나타낸다. 소의 코인 뉴비쯔[牛鼻子]는 '중요한 부분, 관건, 급소'를 비유한다. '쇠코뚜레를 잡아당기다'라는 뜻의 첸뉴비쯔[牽牛鼻子]는 '문제의 핵심을 파악하여 (일을) 풀어나가다'라는 의미를 나타낸다. 또한 '소의 귀를 잡는다'라는 뜻의 즈뉴얼[執牛耳]는 '맹주의[지도적] 지위에 오르다, 주도권을 잡다'라는 의미로 쓰인다. 소의 목인 뉴보쯔[牛脖子] 또한 소의 고집스러운 성격을 나타내는 '뉴피치[牛脾氣]'와 같은 뜻으로 쓰인다.

반면 소의 털은 수량이 매우 많고 미미함을 상징하는데, 소의 털이 들어가는 단어로 '대단히 많은 (가는) 것'을 의미하는 뉴마오[牛毛], '쇠털같이 많다'는 뜻의 둬루뉴마오[多如牛毛], 많은 가운데 극히 적은 부분을 표현하는 쥬뉴이마오[九牛一毛], 연구할 가치가 없는 작은 문제를 의미하는 뉴쟈오졘[牛角尖] 등이 있다.

일본에서는 '개나 소나'가 아니라 '고양이나 주걱이나'

일본은 아시아 문화권의 다른 나라에 비해 쇠고기가 뒤늦게 대중화되었다. 7세기에 불교를 국교로 삼으면서 육식을 금지한 이래, 일본에는 오랫동안 육식을 기피하는 문화가 있었다. 에도시대에는 멧돼지고기를 야마구지라[山鯨], 닭고기를 가시와[柏], 사슴고기를 모미지[紅葉]라는 은어로 부르며 몰래 약으로 먹었다. 그러한 전통이 아직 남아 고깃집 상호에 꽃이나 나무 이름이 쓰인 경우를 종종 볼 수 있다. 쇠고기를 공공연하게 먹기 시작한 것은 1872년 메이지 왕이 육식 금지를 해금하면서부터다. 일본 서민의 대표적인 소울푸드인 규동[牛丼: 쇠고기덮밥] 역시 근대 일본의 서구화 과정에서 뒤늦게 생겨난 음식이다.

일본 고유어에서 소를 뜻하는 우시(ウシ)의 어원은 큰 짐승을 뜻하는 오호시시(オホシシ)의 축약이라는 설(『다이겐카이[大言海]』), 한국어에서 소를 뜻하는 우(ウ)에서 유래했다는 설(『도가[東雅]』) 등 다양하다. 牛를 음독인 규(ぎゅう)로 읽는 경우는 일반적으로 규니쿠(ギュウニク, 牛肉)처럼 요리 혹은 요리 재료인 고기 부위를 가리킬 때다.

일본어에도 소가 등장하는 표현이 몇 가지 있는데, 선택된 동물에서 한국과 차이가 있다. 한국에서는 끼리끼리, 유유상종(類類相從)이라는 의미로 '검정개는 돼지 편, 가재는 게 편'이라고 하는데, 일본어에서는 '우시와 우시즈레 우마와 우마즈레[牛は牛づれ馬は馬づれ]', 즉 '소는 소끼리, 말은 말끼리'라고 표현한다. 또한, 한국어에서 누구나, 아무나를 의미할 때 '개나 소나'라고 하는데, 일본어에서는 '네코모 샤쿠시모[猫も杓子も]', 즉 '고양이나 주걱이나'라고 표현한다. 동물들도 민족에 따라 다른 대접을 받나보다.

한국과 중국에서 소는 보통 근면 성실하고 우직한 이미지를 주로 가지고 있지만, 간혹 귀에 대고 경을 읽어도, 거문고를 들려주어도 알아듣지 못하는 우둔한 이미지도 가지고 있다. 그런데 일본

그림 2-4 후쿠오카현 다자이후텐만구에 있는 소 동상

에서는 특이하게 소가 학문의 신으로 모셔진다.

후쿠오카의 다자이후텐만구[太宰府天満宮], 교토의 기타노텐만구[北野天満宮]는 헤이안시대[平安時代]의 학자 스가와라노 미치자네[菅原道眞]를 학문의 신으로 모시는 신사다. 이들 신사에는 고신규[御神牛]라고 불리는 엎드려 있는 소 동상이 있는데, 동상의 머리 부분을 어루만지면 학업운이 생긴다는 전설이 전해진다. 그래서 좋은 성적과 시험 합격을 기원하는 일본의 많은 학생들이 방문해 이곳의 소 동상을 만져, 소 동상의 머리 부분은 반짝반짝 빛이 날 정도라고 한다.

학문의 신으로 신사에 모셔져 있는 일본의 소를 보며, '개나 소나' 아무나로 불리고, 경을 읽어주어도 거문고를 들려주어도 못

알아듣는다고 무시당하는 한국과 중국의 소는 다소 부러움을 느낄 것 같다.

소 없이 조용한 신들의 세상이 될 뻔한 그리스 신화

소의 학명은 '보스 타우루스(*Bos taurus*)'로, Bos는 소의 속[genus]을, taurus는 소의 종[species]을 나타낸다. Bos의 형용사 형태는 bovine인데, 광우병[mad cow disease]의 학명인 bovine spongeform encephalophasy(BSE)로 우리 귀에 익숙한 용어다. 서양의 열두 별자리 중 하나인 Taurus는 황도십이궁의 두 번째 자리인 황소자리를 가리킨다.

서양에서 소는 힘이 세고 강함의 상징이면서 희생의 재물이자 재산의 상징으로 여겨진다. 소는 그리스 신화에서 특히 자주 등장하는 주요 동물로, 서양의 역사와 문화에서 중요한 의미를 가진다고 볼 수 있다. 예를 들어, '유럽'이라는 이름의 기원이 된 에우로페(Europe)의 이야기에서 제우스는 그녀를 납치하기 위해 동물로 변신하는데, 이때 제우스가 변신한 동물이 바로 황소다. 제우스는 황소로 변해 에

그림 2-5 황소자리

그림 2-6 소를 탄 에우로페(적자 항아리, 이탈리아 파에스툼에서 발굴, 기원전 4세기)

우로페를 등에 태우고 바다를 건너 크레타 섬으로 가서 사랑을 나누었고, 에우로페는 그 후 미노스, 사르페돈, 라다만토스를 낳았다. 나중에 에우로페가 죽어 하늘로 올라가면서 황소자리가 형성되었다고 한다.

제우스는 사랑을 얻기 위해 스스로 소로 변신했을 뿐 아니라, 함께 있던 여인을 숨기기 위해 소로 변하게 하기도 했다. 예를 들어, 제우스는 이오(Io)와 함께 있던 중 부인 헤라가 갑자기 나타나 들킬 위기에 처하자 이오를 흰 암소로 변신시켰다. 그러나 헤라는 이를 알고 소로 변한 이오를 아르고스(Argos)에게 지키게 했다. 이오는 아르고스에게 갖은 괴롭힘을 당하다가 결국 이집트의 나일 강까지 쫓겨 가게 된다.

또한 제우스의 아들, 며느리와 손자의 이야기에서도 소가 중요한 동물로 등장한다. 크레타의 왕 미노스(제우스와 에우로페의 아들이다)는 왕위 경쟁에서 포세이돈이 보내준 소의 도움으로 왕위를 차지했다. 그러나 그는 은혜를 잊고 포세이돈을 배신하는데, 이에 화가 난 포세이돈은 복수로 미노스의 왕비 파시파에가 황소의 미모에 매료되어 상사병이 나게 만든다. 파시파에는 결국 스스로 소로 변신하여 황소와 사랑을 나누었고, 그들 사이에서 얼굴과 꼬리는 황소이고 몸은 인간인 미노타우로스가 태어난다. 미노타우로스는 '미노스의 황소'를 의미한다. 미노스는 미노타우로스를 미궁[labyrinth]에 가둔다.

소는 천하장사 헤라클레스의 열두 가지 과업에도 등장하는 동물이다. 헤라클레스가 죗값을 치르기 위해 수행해야 했던 열두 가지 과업 중에서 아우게이아스 왕의 외양간에서 쇠똥 치우기, 크레타의 황소 생포하기, 게리온의 황소 떼 데려오기에서 세 번에 걸쳐 소가 등장한다. 헤라클레스가 게리온의 황소 떼를 몰고 가는 도중에 불을 뿜는 괴물 카쿠스가 헤라클레스의 소를 훔치기도 한다. 그러나 결국 헤라클레스가 던진 돌에 맞아 죽게 된다.

아, 소여! 이처럼 신화 속에서 온갖 갈등과 에피소드에 등장하는 소가 없었다면, 그리스는 조용한 신들의 세상이 될 뻔했다.

숫자 100은 완전함을 의미한다. 그리스에는 중요한 일이 성사된 후 100마리의 황소를 제물로 바치는 관습이 있었다. 미노스는 전쟁에서 승리한 후 제우스에게 황소 100마리를 제물로 바쳤다. 수

학자 피타고라스도 피타고라스 정리를 발견한 후에 100마리의 황소를 제물로 바쳤다. 소는 힘과 재산을 의미하는 신성한 동물이며, 숫자 100이 완전함을 의미하므로 100마리의 황소를 희생 제물로 바친 것으로 보인다.

소[ox, cow, cattle]는 또한 구약 성경의 출애굽기 20장 17절, 21장 23절, 21장 29절 등 여러 곳에서 등장하는데, 주로 경제적 자산을 의미한다.

네 이웃의 집을 탐내지 말지니라. 네 이웃의 아내나 그의 남종이나 그의 여종이나 그의 소나 그의 나귀나 무릇 네 이웃의 소유를 탐내지 말지니라.

[Thou shalt not covet thy neighbour's house, thou shalt not covet thy neighbour's wife, nor his manservant, nor his maidservant, nor his ox, nor his ass, nor any thing that [is] thy neighbour's.]

– 출애굽기 20장 17절

이 구절에서 소와 나귀를 언급함으로써 탐하지 말아야 할 가축을 강조하고, 당시 이스라엘인들에게 소와 나귀의 경제적 가치가 어느 정도였는지를 간접적으로 알려주는 역할을 한다.

동양에서 소는 농경 사회에서 경제적 이익과 생활에 꼭 필요한 역할을 담당하는 가축으로, 인간의 삶과 항상 함께하는 친밀한 존재였다. 그러나 고대 서양에서는 소가 친밀한 존재이기보다 신성하고 강력한 힘을 가진 존재로 인식되었다.

영어에서 소를 가리키는 단어는 다양하다. 소의 집합명사는 cattle이다. cattle의 고대 영어 형태는 재산[property]을 의미하는 catel로, 지금은 사용되지 않는 고어다. 이 단어는 라틴어 capitale과 관련이 있으며, 현대 영어의 capital[자본]과 연결된다. cattle은 특히 '움직이는 자산'을 의미한다. cattle은 소뿐만 아니라 일반적인 가축을 의미하기도 했다. 구약 성경 창세기 1장 24절의 "Then God said, 'Let the earth bring forth living creatures after their kind: cattle creeping things and beasts of the earth after their kind': and it was"*의 cattle이 한국어 성경에서는 '집짐승(가축)'으로, 중국어 성경에서는 '생축(牲畜)'으로 언급되는 것에서 이를 알 수 있다.

영어에서 소를 의미하는 세분화된 단어에는 ox, bull, cow, calf, heifer, bullock, steer 등이 있다. 오늘날 ox는 거세된 수소를 의미한다. 거세된 수소는 steer라고도 한다. 거세되지 않은 수소를 의미하는 bull은 초기 스칸디나비아어에서 유래한 단어다. cow는 암소를 의미한다. cow는 암소를 의미할 뿐 아니라, 고래와 코끼리 등 포유류의 암컷을 가리키기도 한다. 한편 송아지는 calf라고 하고, 새끼를 낳은 적 없는 어린 암소는 heifer, 거세한 수송아지는

---

* 하느님께서 "땅은 온갖 동물을 내어라! 온갖 집짐승과 길짐승과 들짐승을 내어라!" 하시자 그대로 되었다. (공동번역성서 참고)

bullock이라고 한다.

소는 농작물 생산의 원동력이었을 뿐만 아니라 인간의 식재료로도 다양하게 이용된다. 오랜 세월 인간들이 얼마나 소의 온 부위를 샅샅이 해체하여 먹었는지는 소의 부위와 관련된 어휘의 발달이 단적으로 보여준다. 목 부위는 chuck이나 neck으로 불리며, 목 아랫부분은 brisket이나 plate라고 한다. 복부 근육 살은 flank로 불리며, 뼈에 붙은 고기는 rib이다. 소의 허릿살은 sirloin이며, 상단 허릿살은 top sirloin 또는 striploin, 안심은 tenderloin, 하단 허릿살은 bottom sirloin이다. 엉덩잇살은 round로, 다리에 붙은 살은 shank 또는 shin으로 불린다.

오랜 시간 인류와 함께해온 소는 서양의 언어에서도 여러 가지 비유와 관용 표현 속에 등장한다.

그림 2-7 돌진하는 황소(미국 뉴욕 맨해튼)

제2장 | 소

거세되지 않은 수소를 가리키는 bull은 다루기 힘든 일, 분노, 미쳐 날뛰는 사람 등을 비유할 때 사용된다. '소의 뿔을 잡다'라는 표현인 'to grab/take the bull by the horns'는 '다루기 힘든 일을 명확한 행동으로 처리하다'라는 의미로 사용된다. '소를 잘못 만지면 쇠뿔에 찔린다'라는 표현인 'If you mess with the bull, you will get the horn'은 '화가 난 사람을 잘못 건드리면 그 화가 고스란히 자신에게 돌아온다'라는 의미로 사용된다. 또한 'to be like a bull in a china store'는 '도자기 가게에서 이리저리 다니며 그릇을 모두 박살내는 소처럼' 민감한 상황에서 무모하게 행동해 일을 그르치는 것을 비유한다.

거세된 수소인 ox는 '힘이 센, 강한'이라는 의미로, 'strong as an ox', 즉 '소와 같이 강하다'라는 비유에 쓰인다. 암소인 cow는 영양분과 재산의 공급원, 'sacred cow'는 성우(聖牛)로 지나치게 신성시되어 비판과 의심이 허용되지 않는 관습과 제도, 'cash cow'는 현금 줄, 고수익 상품을 의미한다.

주식시장에서 bear market은 움직임이 느린 곰을 빗대 약세장을 나타내는 표현이고, bull market은 위로 치솟은 황소의 뿔을 빗대 강세장을 상징한다.

뉴욕의 월 스트리트에 황소[bull] 조각상이 있다. 이 조각상의 불알을 만지면 부자가 된다는 속설이 있어서 관광객이 줄을 길게 서서 한 사람씩 황소 조각상 밑으로 들어가 만지고 나오는 기이한 풍경을 종종 볼 수 있다. 동양에도 아들을 얻고 싶은 마음, 공부를 잘하고 싶은 마음, 오래 살고 싶은 마음, 부자가 되고 싶은 마음과 같은 다양한 소망을 표현하며 상징물을 만지는 행위가 있다. 뭐라도 만져서 소원성취 하기를 바라는 마음은 동양인이나 서양인이나 마찬가지인 듯하다.

제 3 장

동물의 제왕 · 호랑이

호랑이가 위선자를 꾸짖다

호랑이는 우리 민족에게 친숙한 존재다. 호랑이는, 아득히 먼 시기의 이야기인 단군 신화에서는 야성을 순화시키지 못한 맹수로 등장했고, 20세기 후반에는 서울올림픽의 공식 마스코트로서 재기발랄한 모습으로 형상화되었다. 지금도 민담에 해당하는 옛날이야기는 "옛날 옛적 호랑이가 담배 피우던 시절에"라는 말로 시작하는데, 이는 호랑이를 친숙하게 여기다보니 자연스럽게 이루어진 표현이다.

예로부터 민간에서는 호랑이 숭배 사상이 있어서 호랑이를 위엄을 가진 존재로 숭배하여 산군(山君), 산신(山神), 산신령(山神靈) 등으로 일컬었으며, 한편으로는 호랑이가 인간에게 끼치는 폐해가 아주 심하여 사람이나 가축이 호랑이에게 당하는 환난을 호환(虎患)이라고 했다.

민화에도 호랑이는 빈번하게 등장한다. 이는 호랑이에게 나쁜 기운을 몰아내는 신통함이 있다고 믿었기 때문이다. 그런데 민화에 등장하는 호랑이는 사납고 험상궂은 모습으로 사람을 위협하는 존재가 아니라 어린아이처럼 천진한 웃음을 짓고 있거나 심지어 바보같이 우스꽝스러운 모습이다. 민화 속의 호랑이가 이처럼 벽사(辟邪: 사악한 기운을 물리침)의 의미로 여염집의 한 벽면을 차지하면서, 호랑이는 다정하고 친숙한 모습으로 사람들 곁에 다가왔다. 설화에도 '호랑이와 토끼' '호랑이와 곶감' '무당호랑이(춤추는 호랑이)' '떡장수 할머니와 호

그림 3-1 호랑이와 까치

랑이' 등 호랑이가 등장하는 많은 이야기가 있다.

설화 '김현감호(金現感虎)'는 호랑이가 처녀로 둔갑해 김현이라는 젊은이와 사랑을 나누는 이야기다. 처녀는 호랑이 형제로부터 김현의 목숨을 구하고 심지어 자신의 목숨까지 희생하기에 이른다. 또한 유몽인(柳夢寅)의 「호정문(虎穽文)」(『於于集』 권5』)은 호랑이가 인간의 잔인무도한 행태를 신랄하게 비난하는 우언 형식의 글이다. 인간들은 돌이나 나무를 자신의 필요에 따라 마음대로 다루고, 무고한 들짐승과 날짐승, 물고기를 함부로 잡아먹으며, 심지어 동류인 인간까지 음해하고 서슴없이 죽이기까지 한다. 호

제3장 | 호랑이

랑이는 이런 인간들의 작태를 통렬히 비판하고 있다.

호랑이의 인간에 대한 비판은 조선 후기 박지원(朴趾源, 1737~1805)의 「호질(虎叱)」에서 좀더 예각화된 모습을 드러낸다. 우선 호랑이의 등장부터 예사롭지 않다.

> 범은 착하고도 성스럽고, 문채롭고도 싸움 잘하고, 인자롭고도 효성스럽고, 슬기롭고도 어질고, 엉큼스럽고도 날래고, 세차고도 사납기가 그야말로 천하에 대적할 자 없다.
>
> 그러나 비위(狒胃)는 범을 잡아먹고, 죽우(竹牛)도 범을 잡아먹고, 박(駮)도 범을 잡아먹고, 오색사자(五色獅子)는 범을 큰 나무 선 산꼭대기에서 잡아먹고, 자백(玆白)도 범을 잡아먹고, 표견(䶂犬)은 날며 범과 표범을 잡아먹고, 황요(黃要)는 범과 표범의 염통을 꺼내어 먹고, 활(猾)은 범과 표범에게 일부러 삼켜졌다가 그 뱃속에서 간을 뜯어 먹고, 추이(酋耳)는 범을 만나기만 하면 곧 찢어서 먹고, 범이 맹용(猛㺊)을 만나면 눈을 감은 채로 감히 뜨질 못하는 법이다.
>
> 그런데 사람은 맹용을 두려워하지 않되 범은 무서워하지 않을 수 없음을 보아서는 범의 위풍이 몹시 엄함을 알 수 있겠구나.
>
> [虎睿聖文武, 慈孝智仁, 雄勇壯猛 天下無敵. 然狒胃食虎, 竹牛食虎, 駮食虎, 五色獅子食虎 於巨木之峀, 玆白食虎, 䶂犬飛食虎豹, 黃要取虎豹心而食之, 猾無骨爲虎豹所呑, 內食虎豹之肝, 酋耳 遇虎則裂而啖之, 虎遇猛㺊則閉目而不敢視. 人不畏猛㺊而畏虎, 虎之威其嚴乎?]

박지원은 먼저 호랑이의 장점을 나열하여 극찬하면서 흔쾌히 동물의 제왕으로 인정한다. 하지만 동물의 왕이라는 호랑이를 감히 잡아먹거나 쩔쩔매게 하는 여러 짐승을 언급하면서 한껏 추켜세웠던 호랑이의 위신을 실추시킨다. 인간이 호랑이를 두려워한다는 점을 들어 또다시 호랑이를 추켜올려, 호랑이가 인간에게 우위를 점하고 있음을 강조한다.

이어지는 글에서 박지원은 인간을 만물의 영장으로서 윤리도덕을 만들어 지키며 양심적으로 살아가는 이성적 자각이 있는 존재로 묘사하지 않고, 다만 일개 동물로서 묘사한다. 인물성동일론(人物性同一論)에 입각해서 보면 사람이나 호랑이나 똑같이 동물의 일종일 뿐이기 때문이다. 동물의 입장에서 인간은 배고픔을 해소하는 데 필요한 고깃덩어리에 불과하다. 이처럼 인간을 동물 가운데 하나로 여기거나 동물의 먹잇감으로 취급함으로써 호랑이의 위상은 상대적으로 격상된다. 따라서 호랑이는 인간의 잘못을 질책할 수 있는 권한을 부여받게 되어, 위선자인 북곽 선생을 호되게 꾸짖은 셈이다.

사호석과 맹호행

중국에서도 호랑이는 사나움을 상징하는 동물이었다. 그와 관련된 설화가 있다.

조선시대 중국으로 사신 가던 일행이 지나가던 영평부(永平府)

에는 사호석(射虎石)이라는 이름의 유적지가 있었다. 사신들은 이 유적지를 지날 때마다 이광(李廣)과 사호석에 관한 시문을 남겼는데, 그에 관한 이야기는 이렇다.

한나라 때 장수 이광은 활을 잘 쏘았고 흉노를 치는 데 공이 많았다. 흉노가 그를 비장군(飛將軍)이라 부르며 두려워하여, 그가 지키는 영평부에는 감히 들어가지 못했다고 한다. 이광이 북평태수(北平太守)로 있을 적에 사냥을 나가서 바위를 호랑이로 착각하고 활을 쏘았더니, 화살이 바위에 그대로 꽂혔다고 한다. 영평부에서 동쪽으로 6~7리쯤 되는 곳에 그때 쏜 바위인 사호석이 있다(『史記』 권109).

한편, 수많은 문인들은 '사나운 호랑이'를 주제로 '맹호행(猛虎行)'이라는 악부(樂府)를 남긴 바 있다. 위(魏)나라 문제(文帝), 진(晉)나라 육기(陸機), 당나라 이백(李白) 등의 작품이 유명한데, 다음은 조선 초기의 문신 성현(成俔, 1439~1504)의 「맹호행」(『虛白堂風雅錄』 권1)이다. 사나운 호랑이를 잡는 작은 의협심을 비웃고, 나라를 위해 오랑캐를 정벌하는 데 용맹하기를 권면하는 내용이다.

남산에 흰색 이마 누런 털의 범이 살아	南山白額黃於菟
번쩍이는 눈빛으로 교활한 여우 쫓다	眼光閃閃走妖狐
산모퉁이 등지고서 노하여 포효하니	咆哮一怒出負隅
어금니는 창과 같고 억센 수염 곤추섰네	鋸牙如戟張雄鬚
장군이 팔을 걷고 아로새긴 활을 당겨	將軍唾掌彎雕弧

흰색 깃털 달린 화살 연달아 쏘아대니	白羽連翩金僕姑
얼룩무늬 가죽에는 붉은 피가 홍건하고	斑毛迸血紅糢糊
모진 바람 들에 불어 누런 갈대 꺾이누나	獰風散野摧黃蘆
뉘엿뉘엿 해질 무렵 의기양양 돌아오자	攘臂歸來西日晡
길을 메운 군중들이 놀라 서로 부르누나	萬人遮道驚相呼
세상에 이와 같은 대장부가 있을진댄	人間有如此俊丈夫
어찌 불러 오랑캐를 막게 하지 않을쏜가	何不喚取防北胡

여명 전의 공포, 호랑이

십이시에서 세 번째 시간을 나타내는 인시(寅時)는 호랑이의 주요 활동 시간인 3시부터 5시까지를 나타낸다. 여명 전의 호랑이는 눈을 번뜩이며 먹잇감을 사냥하러 나선다.

갑골문	금문	초계간백	설문	진계간독	해서

그림 3-2 虎 자형의 변천

> • 금문(金文)은 주(周)나라 때 청동으로 주조해 만든 활자로 새긴 문자로, 갑골문에 비해 유창하고 자형이 단정하다.

虎는 갑골문에서 보듯이 상형자인데, 입을 쩍 벌리고 발톱을 세우고 금방이라도 달려들듯 성내며 포효하는 호랑이의 모습이다. 길게 빠진 꼬리와 몸통에 보이는 줄무늬까지 세밀하게 표현되어 우리가 알고 있는 호랑이의 모습을 매우 흡사하게 모사해 글자를 만들었음을 알 수 있다.

『설문해자』는 호랑이를 산짐승 중의 왕이라고 표현했다.

山獸之君. 从虍, 虎足象人足. 象形. 凡虎之屬皆从虎.

[산에 사는 짐승 중 우두머리이다. 호(虍)가 의미부인데, 호랑이의 발이 사람의 발을 닮았다. 상형이다.][6]

언어학자 강헌규는 호랑이를 감(監)으로 표기하면서 고대에는 호랑이, 곰, 독수리, 거북을 모두 神[kam]이라 한 흔적이 보인다고 했다.[7] 중국에서도 호랑이[虎]는 사나운 맹수를 대표하는 이미지로, 사람들에게는 두려움과 함께 신비의 대상이었다. 고대 중국 사람들은 실존하는 호랑이를 신격화해 신화적 상상의 동물인 용과 대적하여 싸우는 모습을 표현하기도 했다.

그림 3-3 용호상박

따라서 용과 호랑이를 함께 일러 룽후[龍虎]라고 하면 황제의 기백을 말하며, 영웅호걸을 비유하기도 한다. '첸파룽, 허우파후[前怕龍, 後怕虎(또는 前怕狼, 後怕虎)]'라고 해서 앞에는 용이 있을까 두려워하고 뒤에는 호랑이가 있을까 두려워한다는 속담도 있는데, 호랑이를 용에 비길 만큼 무섭고 두려운 존재로 인식한 셈이다.

용맹한 호랑이, 포악한 호랑이

중국에서 호랑이는 사람을 해치는 맹수이기 때문에 두려움의 대상이기도 하지만 맹렬하고 용맹함을 뜻하기도 한다. 虎 자가 포함된 단어 중에는 호랑이의 포악한 기질을 나타내는 부정적인 이미지와 용맹을 나타내는 긍정적인 이미지가 모두 눈에 띈다. 중국어사전 『현대한어사전(現代漢語詞典)』(제7판)에 수록된 단어는 단어의 조합 방식에 따라 '虎×'형 단어가 29개, '×虎'형 단어가 21개, '×虎×'형 단어가 35개로 총 85개에 달한다.* 그중 호랑이의 긍정적 이미지인 용맹, 권세, 힘셈, 겁 없음(담량), 위풍당당(늠름), 건장, 충실, 인재, 생기와 활력 등의 의미를 갖는 단어로 虎背熊腰, 虎彪彪, 虎步, 虎膽, 虎將, 虎勁, 虎頭虎腦, 生龍活虎 등이 있다.

먼저, 후베이슝야오[虎背熊腰]와 후뱌오뱌오[虎彪彪]는 호랑이의 외형을 통한 표현이다. 후베이슝야오[虎背熊腰: 호랑이 등과 곰의 허리]는 몸집이 우람하고 건장한 사람의 모습을 가리킨다. 후뱌오뱌오[虎彪彪: 호랑이처럼]는 늠름하고 위풍당당한 모습을 나타낸다. 후부[虎步: 호랑이 걸음]는 호랑이가 걷는 것처럼 위풍당당하고 용맹한 걸음을 뜻한다. 후단[虎膽: 범의 쓸개], 후진[虎勁: 범의 힘], 성룽휘후[生龍活虎: 살아 있는 용과 살아 있는 범]는 호랑이의 기개처럼 담대하고 활력이 넘치는 내적인 성질을 나타내는 표현이다. 후단[虎膽]은 겁이 없는 매우 센 담력을 나타내고, 후진[虎勁]은 아주 힘이 세고 용맹한 기세를 나타낸다. 후터우후나오[虎頭虎腦]는 주로 사내아이가 우람하고 듬직하게 생겼을 때 쓰는데, 후터우[虎頭: 호랑이 머리]뿐만 아니라 후나오[虎腦: 호랑이 뇌], 즉 정신 또는 기세까지 호랑이를 닮았다는 표현이 매우 흥미롭다. 이처럼 호랑이를 뜻하는 후[虎]를 통해 호랑이의 용맹스럽고 늠름한 이미지를 사람에게 투영해 체격적으로 건강하고 행동이 다부지고 씩씩한 경우에 많이 쓰이는 것을 알 수 있다.

한편, 호랑이가 힘이 세다는 것을 중국인들은 황소와 함께 표현하기도 했는데, 그 대표적인 표현이 쥬뉴얼후즈리[九牛二虎之

---

* 虎背熊腰, 虎贲, 虎彪彪, 虎步, 虎胆, 虎伏, 虎符, 虎将, 虎劲, 虎踞龙盘, 虎踞龙蟠, 虎口, 虎口拔牙, 虎口余生, 虎狼, 虎气, 虎钳, 虎生生, 虎实, 虎势, 虎视, 虎视眈眈, 虎头虎脑, 虎头蛇尾, 虎威, 虎穴, 虎穴笼罩, 虎牙, 虎跃龙腾, 艾虎, 白虎, 壁虎, 藏龙卧虎, 灯虎, 电老虎, 拦路虎, 老虎, 母老虎, 爬山虎, 貔虎, '前怕狼, 后怕虎', 秋老虎, 生龙活虎, 死老虎, 投畀豺虎, 江龙伏虎, 笑面虎, 蝎虎, 照猫画虎, 纸老虎, 白旭星, 暴虎冯河, '不入虎穴, 焉得虎子', 调虎离山, 饿虎扑食, 饿虎扑羊, 放虎归山, 狐假虎威, 虎头虎脑, 画虎类狗, 画虎类犬, 九牛二虎之力,'拉大旗, 作虎皮',狼吞虎咽, 老虎凳, 老虎机, 老虎钳, 老虎灶, 龙虎榜, 龙盘虎踞, 龙潭虎穴, 龙腾虎跃, 龙争虎斗, 将虎须, 骑虎难下, 如虎添翼, 台虎钳, 谈虎色变, 为虎傅翼, 为虎添翼, 为虎作伥, 养虎遗患, 与虎谋皮, 纵虎归山, 坐山观虎斗

力다. '소 아홉 마리와 호랑이 두 마리에 해당하는 아주 큰 힘'을 들였을 때 쓰는 표현으로, 엄청난 노력을 했다는 뜻이다. 우리말의 '젖 먹던 힘까지 썼다'와 비슷한 의미다. 호랑이 두 마리의 힘과 우직한 황소 아홉 마리의 힘이 맞먹는다고 표현한 중국인들의 사고를 엿볼 수 있다.

그림 3-4 맹호도

맹수인 호랑이의 포악한 면을 나타내는 부정적인 표현도 많다. 호랑이는 용처럼 신성시되는 동물이면서도 때로는 인명피해를 끼치는 위협의 상징이기도 했다. 호랑이가 갖는 부정적 이미지는 위험, 험준함, 어려움, 흉악함(포악함), 탐욕, 사납고 거침, 적 등을 나타난다. 대표적인 예로 란루후[攔路虎]와 팡후구이산[放虎歸山]을 들 수 있다. 란루후[攔路虎]에서 虎는 길을 막고 도적질을 하는 강도를 가리키는데, 현재는 도로를 가로막는 장애물이나 어려움을 비유하는 표현이다. 팡후구이산[放虎歸山]은 호랑이를 놓아 산으로 돌려보냈다는 뜻으로, 적 또는 후환을 가리킨다.

여기서 잠깐, 중국어의 '쌍음절(雙音節) 현상'에 관해 알아보자.

이는 현대 중국어에서 어휘를 만들 때 단음절이었던 어휘들이 점점 이음절로 바뀌는 현상을 가리킨다. 우리말의 호랑이에 대응하는 '명사'를 말할 때 현대 중국에서 후[虎]라고 말하는 사람은 없다. 앞서 쥐를 설명할 때도 언급했듯이, 虎 앞에 접두사 老를 붙여 라오후[老虎]라고 한다. 또한 투쯔[兔子: 토끼]와 허우쯔[猴子: 원숭이]라는 단어에서 쯔[子]는 '아들'이라는 뜻이 아니라 명사를 만들어주는 어법적 의미의 접미사다. 현대 중국어에서는 단어, 즉 어휘를 만들 때 불안정한 일음절보다는 이음절로 만들어 좀 더 안정적인 단어 체계로 만들고자 하는 것이다.

『현대한어사전』(제7판)에 등재된 호랑이의 의미 항목은 다음과 같다.

• 라오후[老虎]: 호랑이

1. 후더퉁청[虎的統稱]: 호랑이의 통칭.

2. 비위다량하오페이넝위안휘위안차이랴오더서페이[比喻大量耗費能源或原材料的設備]: 대량으로 전력을 먹는 설비를 비유.

3. 비위유다량탄우, 다오체휘터우러우수이싱웨이더런[比喻有大量貪汚, 盜竊或偷漏稅行為的人]: 대량으로 물질을 훔치거나 탈세 행위를 하는 사람을 비유.

4. 터즈즈웨이헌가오더옌중푸바이펀쯔[特指職位很高的嚴重腐敗分子]: 직위가 상당히 높은 부패한 고직 관리들을 일컬음.

이처럼 『현대한어사전』에서 보이는 의미항목은 1을 제외한 2, 3, 4는 모두 호랑이의 부정적인 이미지에서 파생된 표현이다. 다음은 虎 자가 들어간 현대 중국 단어들이다.

- 덴라오후[電老虎: 전기 호랑이] 전력 소비량이 많은 전열기구를 가리켰으나, 직권을 이용해 사리사욕을 채우거나 가입자를 못살게 구는 전력 부서나 사람을 비유하기도 한다.
- 무라오후[母老虎: 어미 호랑이] 현대 중국어에서 母老虎는 성질이 사나운 부녀(婦女)를 가리키며, 주로 성질이 괴팍하고 남편을 꽉 휘어잡는 아내를 의미한다.
- 츄라오후[秋老虎: 가을 호랑이] 현대 중국어에서 秋老虎는 입추가 지난 후에도 여전히 호랑이처럼 강하게 무더운 기운이 지속되는 날씨를 가리킨다.
- 스라오후[死老虎: 죽은 호랑이] 우리말의 '이빨 빠진 호랑이'로 나타낼 수 있다. 즉, 본래 무섭고 맹렬한 기세를 가졌던 사람이 맹렬한 기세를 잃었을 때를 비유적으로 가리키는 표현이다.
- 즈라오후[紙老虎: 종이호랑이] 겉으로 보기에는 강하고 사나워 보이지만 실제로는 힘이 없는 사람 또는 집단을 일컫는다.

옛날 중국인들이 호랑이를 무섭고도 신비스러운, 좀 더 긍정적인 이미지의 용맹한 동물로 표현했다면, 현대 중국인들은 호랑이에게 그다지 좋은 의미를 부여하고 있지는 않다고 볼 수 있겠다.

따라서 중국인들에게 호랑이를 닮았다고 하면 오해를 불러일으킬 수 있으니 어휘의 뜻을 잘 알아보고 주의해서 사용해야겠다.

호랑이로 불리던 일본 최고의 무장, 다케다 신겐

십이지 동물 중에서 용을 제외하면 일본에 서식하지 않는 유일한 동물로서, 호랑이는 일본인에게 친숙한 동물은 아니다. 그 때문에 호랑이와 관련된 일본어 어휘는 중국의 고사성어나 이야기의 영향을 받은 것이 대부분이다. 일본 고유어로 호랑이를 의미하는 '도라(トラ)'의 어원 역시 한국어의 '호랑(虎狼)'에서 유래했다는 설

그림 3-5 쓰키오카 요시토시[月岡芳年]가 그린 무장화 중 다케다 신겐

이 있지만 정확한 유래는 불분명하다. 일본 고대 역사서인 『니혼쇼키[日本書紀]』에 고구려에 공부하러 떠난 승려가 호랑이로부터 영술(靈術)을 배웠다는 기록(645년)이 있으며, 호랑이 가죽은 '가라카와[唐皮]'라고 하여 왕족이나 귀족에게 보내는 귀한 선물이었다.

호랑이의 용맹한 이미지 때문에 虎 자는 예로부터 무사 이름에 자주 사용되었다. 센고쿠시대[戰国時代] 무장인 아키 구니토라[安芸国

虎, 1530~1569]와 이이 나오토라[井伊直虎, 미상~1582] 등이 그러하다. 또한 일본의 대표적인 무장이라 할 수 있는 다케다 신겐[武田信玄, 1521~1573]은 후대에 '가이노 토라[甲斐の虎: 가이의 호랑이]'라는 별칭으로 불렸다. 그의 필생의 라이벌이었던 우에스기 겐신[上杉謙信, 1530~1578]의 별칭은 '에치고노 류[越後の龍: 에치고의 용]'였으니, 두 무장의 관계를 잘 보여주는 별칭이라 할 만하다.

호랑이의 강인함을 빌리고자 이름에 虎 자를 넣는 것은 비단 과거 무사들의 경우만은 아니다. 지금도 남자 아이의 이름에 종종 사용된다. 특히 일본에서는 '간지 네임[干支ネーム]'이라 하여 아이가 태어난 해의 간지를 활용한 이름을 짓는 경향이 있는데, 2010년 경인년과 2022년 임인년에는 고타로[虎太朗, こたろう], 도라카즈[虎和, とらかず] 같은 이름을 짓는 경우가 급증했다고 한다.

일본의 취객 보호시설, 도라바코[虎箱]

한국 속담에 '호랑이 없는 골에 토끼가 왕 노릇 한다'가 있다. 뛰어난 사람이 없는 곳에서 보잘것없는 사람이 득세한다는 의미인데, 유사한 의미의 일본 속담으로 '매 없는 세상에서는 참새가 매 노릇을 한다'는 뜻의 '다카노 나이 구니데와 스즈메가 다카오 스루[鷹の無い国では雀が鷹をする]'가 있다.

호랑이가 서식하지 않았던 일본에서는 호랑이의 이미지가 우리와 사뭇 다르다. 가령, 힘세고 뛰어난 동물의 대명사인 호랑이가

일본에서는 술주정뱅이와 연관된다. 글자 그대로 번역하면 '호랑이가 된다'는 '도라니 나루[虎になる]'는 술에 취해 겁도 상실할 정도로 만취했다는 의미의 관용구다. 에도시대 때부터 '오토라[大虎, おおとら]'는 술주정뱅이를 의미했다. 여기에는 여러 설이 존재한다. 만취해 네 발로 기어 다니는 모습을 호랑이에 빗대었다는 설이 있는가 하면, 일본어로 술을 의미하는 사케[酒]를 사사(ささ)라고도 읽었는데 마찬가지로 '사사'라고 읽는 '대나무[笹]'에 빗대 수묵화에서 대나무와 한 세트처럼 등장하는 호랑이를 술과 연결시켰다는 설도 있다. 일본에는 경찰서 내에 만취자를 보호하기 위한 시설이 2007년까지 존재했다. 정식 명칭은 '이취자(泥醉者) 보호소'이지만 속칭 '도라바코[虎箱]'라고 불렸다. 또한 일본에서는 '오토라'라는 술집 이름을 전국 어디서나 찾아볼 수 있다.

그리스 신화와 기독교 성경에 호랑이가 등장할까?

호랑이는 현재 아시아에서만 서식하며, 화석도 북극해의 노보시비르스크 제도와 중국에서만 발견되는 것으로 알려져 있다. 이로 인해 호랑이는 그리스 신화와 기독교 성경에는 등장하지 않는다. 그 대신 학명이 *Panthera leo*인 표범아과 사자가 등장한다. 우리나라의 단군 신화에는 곰과 호랑이가 등장하는데, 서양에서는 곰과 사자가 동물의 왕 자리를 두고 자웅을 겨루는 이야기가 전해진다.

영어 단어 tiger는 고대 영어에서 tigras(복수형)로 사용되었으며, 중세 영어에서는 tygre로 변형되었다. 이는 그리스어 τίγρις에서 라틴어 tigris로, 고대 프랑스어 tigre로 변화한 것이다. 그리스어인 τίγρις는 호랑이가 처음 유럽에 알려졌을 때 동방에서 전해진 외래어로, 유럽에서 호랑이를 뜻하는 어휘는 어형 변화와 어휘 분화 없이 대부분 원형 그대로 유럽에 정착한 것으로 보인다.

서양에서 호랑이는 잔인하고 사납고 흉폭한 속성으로 인식되었고, 이와 같은 속성을 가진 사람들을 비유적으로 tiger라고 한다. 또한 스포츠 경기에서는 엄청난 활동량과 힘을 보이는 선수를 tiger라고 부른다. 미국에서는 불법 밀주 판매처를 blind tiger라고 했다. 특히 미국의 금주령 시기인 1920년대부터 1933년까지는 주류 밀매점이 금주법을 피하기 위해 동물을 전시하는 시설로 위장하고 실제로는 술을 팔았다. 그래서 이러한 장소들을 blind tiger라고 불렀다.

다른 동물들과 비교할 때 호랑이와 관련된 영어 관용어는 비교적 적지만, 중국의 속담을 직역한 영어 표현이 관용어로 사용되는 경우가 있다. 예를 들면 중국어의 사자성어인 기호지세(騎虎之勢)와 기호난하(騎虎難下)를 'to ride a tiger'로 번역해 사용한다. 이는 어려운 상황에 처해 호랑이 등에 올라탄 것처럼 이러지도 저러지도 못 하는 난처한 경우를 비유한다. 이런 유의 다른 표현에는 paper tiger가 있다. 지로호(紙老虎), 즉 종이호랑이는 호랑이의 형상을 하고 있지만 실제로는 전혀 위협적이지 않다는 의미다.

제3장 | 호랑이

이는 우리말의 '이빨 빠진 호랑이'와 유사한 표현이다. 영중사전 편찬자인 로버트 모리슨(Robert Morrison)이 1828년 『광동방언 (Vocabulary of the Canton Dialect: Chinese words and phrases)』에서 지로호(紙老虎)를 paper tiger로 번역했다. paper tiger는 1956년 마오저뚱[毛澤東]이 미국을 가리켜 즈라오후[紙老虎]라고 부르면서 널리 알려졌다. 예를 들어, 조 바이든(Joe Biden)이 상원의원 시절인 2006년에 한 연설에서 북한이 국제 사회의 경고를 무시하고 미사일을 계속 발사하지만 실제로 미국에 아무런 위협이 되지 않는다면서 북한을 paper tiger라고 비판적으로 언급한 사례도 있다.

제4장

작지만 강한, 꾀와 행운의 상징 · **토끼**

재치로 목숨을 구한 토끼

토끼는 동서양을 막론하고 동화 또는 우화에 자주 등장하는 동물이다. 『한비자(韓非子)』의 「오두편(五蠹篇)」에는 밭 가운데 나무 그루터기에 부딪쳐 죽는 토끼가 등장하고, 서양의 이솝 우화에는 엉금엉금 기어가는 거북을 얕보고 낮잠을 자다가 결국 달리기 경주에서 패배한 토끼가 나온다. 토끼는 주변을 살피지 않고 앞으로 내달리다 죽음을 맞이하거나 달리기 실력만 믿고 게으름을 피우다가 실패한 전형적 상징이다.

우리나라 고전에 등장하는 토끼는 전혀 다른 모습으로, 사지에 빠졌다가 목숨을 건진 재치 있는 동물이다. 유래는 『삼국사기(三國史記)』「김유신열전(金庾信列傳)」의 '구토지설(龜兎之說)'이다. 신라의 김춘추(金春秋)가 고구려에 원군을 청하러 갔다가 고구려 땅을 신라가 강점(强占)하고 있다는 이유로 잡혀 귀국 길이 막혔다. 김춘추는 고구려 왕의 총신(寵臣)인 선도해(先道解)에게 청포를 주며 접근, 그로부터 탈신지계(脫身之計)를 암시하는 이야기를 들었다. 그 내용은 다음과 같다.

옛날 동해 용왕의 딸이 심장을 앓았는데, 의원의 말이 토끼 간을 얻어 약을 지으면 치료할 수 있다고 하였다. 그러나 바다에는 토끼가 없으니 어찌할 수 없는 일이었다. 이때 한 거북이 용왕에게 아뢰어 자기가 그것을 얻을 수 있다 하고, 육지로 나와 토끼를 보고 하는 말이, 바다 속에 한 섬이 있는데, 맑은 샘물과 흰 돌에 무성한 숲, 아름다운 실과가 있으며, 추위와 더위도 없고, 매와 새매가 침입하지 못하니, 네가 가기만 하면 편히 지내고 아무 근심이 없을 것이라 하고, 이어 토끼를 등에 업고 헤엄쳐 2~3리쯤 가다가 거북이 토끼를 돌아보며 말하기를, 지금 용왕의 딸이 병이 들었는데, 토끼 간이 있어야 약을 짓기 때문에 이렇게 수고로움을 불구하고 너를 업고 오는 것이다 하였다. 토끼가 그 말을 듣고 아아, 나는 신명의 후예라 능히 오장을 꺼내어 씻어 넣을 수 있다. 일전에 속이 좀 불편한 듯하여 간을 꺼내 씻어서 잠시 바위 밑에 두었는데, 너의 감언(甘言)을 듣고 바로 왔기 때문에 간이 아직도 그곳에 있으니, 어찌 돌아가서 간을 가져오지 않을 것인가? 그렇다면, 너는 구하는 것을 얻게 되고, 나는 간이 없어도 살 수 있으니 어찌 이쪽저쪽이 다 좋은 일이 아니냐 하니, 거북이 그 말을 믿고 도로 나가 언덕에 오르자마자 토끼는 (거북의 등에서 내려) 풀 속으로 도망치며 거북에게 말하기를, 너는 어리석기도 하다. 어찌 간 없이 사는 자가 있을 것이랴 하니, 거북이 멍청하여 아무 말도 없이 물러갔다고 한다.*

제4장 | 토끼

이 이야기는 조선 후기 판소리와 소설로 정착하기에 이른다. 「토끼전」 또는 「별주부전(鼈主簿傳)」, 「토생원전(兎生員傳)」으로 불리는데, 본래 명칭은 「수궁전(水宮傳)」이다. 여러 이본이 다수 존재하는 만큼 판본에 따라 결말 및 내용이 상이하다. 개화기에는 소설 「토끼의 간」이 등장하기도 했다.

구토지설은 석가모니의 전생 수행담인 인도의 본생설화나 중국의 불전설화 등과 밀접한 관련이 있다. 그런데 구토지설은 이들 설화와 비슷하면서도 다르다. 석가모니 본생설화는 현재와 과거의 이야기, 그리고 현재의 인물과 과거의 주인공을 연결하는 이야기로 이루어져 있다. 그런데 종교 설화의 형식은 우리나라에 들어와 민간에 설화로 전승되면서 과거의 이야기만 남게 되었다. 종교적 색채는 사라지고, 토끼와 거북의 지략 대결을 중심으로 이야기가 바뀐 것이다. 더욱이 나이 다툼 설화, 토끼의 위기 극복 설화 등 다양한 설화를 수용하면서 장편의 판소리와 소설로 발전했다.

---

* 『三國史記』, 「金庾信」: "昔東海龍女病心, 醫言, 得兎肝合藥則可療也, 然海中無▨, 不奈之何, 有一龜白龍王言, 吾能得之, 遂登陸見兎言, 海中有一島, 淸泉白石, 茂林佳菓, 寒暑不能到, 鷹隼不能侵, 爾若得至, 可以安居無患, 因負▨背上, 游行二三里許, 龜顧謂兎曰, 今龍女被病, 須兎肝爲藥, 故不憚勞, 負爾來耳, 兎曰, 噫, 吾神明之後, 能出五藏, 洗而納之, 日者小覺心煩, 遂出肝心洗之, 暫置巖石之底, 聞爾甘言徑來, 肝尙在彼, 何不廻歸取肝, 則汝得所求, 吾雖無肝尙活, 豈不兩相宜哉, 龜信之而還, 纔上岸, 兎脫入草中, 謂龜曰, 愚哉汝也, 豈有無肝而生者乎, 龜憫默而退."

털과 고기, 문인의 벗이자 서민의 영양식

토끼는 문방사우 가운데 좋은 붓을
만드는 재료로 널리 알려져 있다. 이는
성당(盛唐)*을 대표하는 이백(李白)의
「취후증왕력양(醉後贈王歷陽)」에도 보이
는데, "글씨는 천 마리 토끼털 붓을 다
닳게 하고, 시는 두 마리 소 허리까지 채
웠네[書禿千兎筆, 詩裁兩牛腰]."라는 구절
이다.

그림 4-1 통일신라시대
청동십이지상-토끼

조선 전기 사대부문학을 대표하며
23년간 대제학을 역임한 서거정(徐居正, 1420~1488)도 토끼털로 만
든 붓을 다음과 같이 칭송한 바 있다(『四佳詩集』 권50, 「兎毛筆」).

몇 날이나 굴 속에 교활히 숨었던고	幾日狡藏窟
오늘에야 그 털을 뽑을 수가 있었네	今朝能拔毛
중산은 족보에 일컬어진 곳이요	中山推族譜
관자는 공로로 책봉된 이름일세	管子策勳勞

* 사당(四唐)의 두 번째 시기로, 현종 2년(713)에서 대종(재위 762~779) 때까지 이백
(李白), 두보(杜甫), 왕유(王維), 맹호연(孟浩然) 같은 시인이 등장하며 당나라 시가 융
성한 때다.

제4장 | 토끼

비백을 쓰는 공은 더욱 절묘하고	飛白功尤妙
태현을 초한 가치 또한 높고말고	草玄價更高
후일 조서를 초하라 재촉하거든	他時催作詔
휘두른 붓끝에 주옥이 쏟아지리	珠玉在揮毫

털보다 흔히 사람이 취한 것은 고기다. 토끼고기는 닭, 돼지, 소 등 가축의 고기와 마찬가지로 식용으로 널리 사용되었다. 홍만선(洪萬選, 1643~1715)은 『산림경제(山林經濟)』에서 의서인 『증류본초(證類本草)』를 인용해 토끼고기의 약효를 설명했다.

토끼 중에는 흰 토끼가 있다. 그것은 서쪽 금기(金氣)를 온전히 얻어서 약에 넣으면 더욱 좋다. 토끼는 1천 년을 사는데 5백 년이 되면 털이 희게 변한다고 한다. 다만 토끼는 가을이 깊어져야 먹을 만한데 그것은 금기가 온전해지기 때문이다. (『증류본초』)

8월에서 10월까지는 고기를 술에 담갔다가 구워 단석(丹石)과 먹으면 발열(發熱)이 있는 사람에게 좋다. 그것은 고기의 성질이 냉하기 때문이다. (『증류본초』)

섣달에 토끼고기로 장(漿)을 만들어 먹이면 어린아이의 완두 모양으로 나는 종기를 제거할 수 있다. (『증류본초』)

갈증을 치료하고 비위(脾胃)를 건강케 한다. 그러나 많이 먹으면 원기(元氣)를 손상시켜 방사(房事)를 약하게 만든다. (『증류본초』)

임신 때 먹지 못하게 하는 것은, 아이가 언청이가 될 뿐만 아니라 입으로 나오기 때문이다. (『증류본초』)

토끼 간은 눈이 어두운 데 주약(主藥)이다. 눈을 밝게 만들고 심신의 허약과 피로를 보한다. (『증류본초』)

토끼 똥은 완월사(玩月砂)라고도 한다. 종기와 치질을 치료한다. (『증류본초』)*

토끼는 왜 달에 살까?

십이시에서 네 번째 시간을 나타내는 묘시(卯時)는 토끼의 주요 활동 시간인 5시부터 7시까지를 나타낸다. 날이 막 밝아오며 만물이 이제 잠에서 깨어나는 시간대로, 이른 아침 풀들이 이슬을 머금고 있어 부드럽고 맛이 좋으며 맹수들의 활동도 적다고 한다.

갑골문	금문	초계간백	설문	진계간독	해서

그림 4-2 兔 자형의 변천

---

* 『山林經濟』권3,「治藥」, '兔肉': "兔有白者, 全得金氣, 入藥尤佳. 兔壽千歲, 五百歲毛變白, 餘兔至秋深可食, 金氣全故也.『本草』八月至十月, 肉酒炙喫與丹石, 發熱人相宜, 性冷故也.『上同』臘月肉作漿食, 去小兒豌豆瘡.『上同』治渴健脾. 然多食損元氣, 弱房事.『上同』妊娠忌食者, 非爲缺唇, 亦緣子從口出也.『上同』兔肝主目暗, 能明目補勞.『本草』兔屎, 一名玩月砂, 治瘡及痔.『本草』"

중국에서 토끼는 특별한 의미를 갖는다. 한나라 류안(劉安)이 지은 『회남자(淮南子)』 「남명훈(覽冥訓)」을 보면 다음과 같은 고사가 전해진다.

예(羿)가 서왕모(西王母)에게서 얻어온 불로장생(长生不老) 약을 항아가 몰래 먹고 달로 가 (예가) 낙담하고 슬퍼했다.

[羿請不死之藥於西王母, 姮娥竊以奔月, 悵然有喪.]

여기에 창어번웨[嫦娥奔月: 항아분월]라는 표현이 나오는데, 헝어[姮娥: 항아]가 달로 가버렸다는 뜻이다. 헝어*와 함께 웨궁[月宮: 월궁]에서 살고 있다는 고사로 인해, 토끼는 중국인들에게 달에 살고 있는 동물로 인식되며, 중국인들은 밤하늘의 달을 볼 때 토끼가 방아를 찧고 있는 모습을 떠올린다. 따라서 중국의 신화에서 달 속에 위투[玉兔: 옥토끼]가 산다는 뜻에서 토끼는 달의 비유로도 쓰였다.[8]

달은 해와 함께 세월을 나타낸다. 고대 신화에 해 속에는 발이 세 개 달린 까마귀가 살고 달 속에는 옥토끼가 산다고 하는데, 날마다 뜨고 지며 달에 따라 해에 따라 그 모습과 위치가 바뀌는 해

---

* 후에 한 문제(文帝) 유항(劉恒)과 이름이 같은 것을 피하기 위해 창어[嫦娥: 상아]라고 바꿨다. 이렇게 황제의 이름을 함부로 부르는 것을 피하려고 이름을 바꾸는 것을 기휘(忌諱)라고 한다.

와 달은 수이웨[岁月: 세월]를 의미
하게 된 것이다. 이를 나타내는 표
현이 '바이투츠우[白兔赤乌]'인데,
백토(白兔: 흰토끼)는 달을 가리키
고 적오(赤烏: 붉은 까마귀)는 해
를 가리키며, 시간이 매우 빠르다
는 것을 비유적으로 이른다. 이런
표현이 몇 가지 더 있는데, 우페
이투저우[烏飛兔走]는 해와 달이
운행하는 것을 가리키며, 날아가
고(飛) 달려가는(走) 세월을 비유
한다. 동투시우[东兔西乌: 동쪽 토

그림 4-3 달토끼(淸人月宮玉兔图轴)

끼와 서쪽 까마귀]는 달이 동쪽에
서 떠오르고 태양이 서쪽으로 지
는 것을 나타내며, 세월이 유수함을 비유한다.

중국을 상징하는 토끼

　동물로 각 나라를 비유한다면, 중국을 대표하는 동물은 슝마오
[熊貓: 판다]였다. 그런데 판다에 이어 새롭게 떠오르는 동물이 바
로 토끼, 투쯔[兔子]다. 바로 '토끼가 매를 올라타다'라는 뜻의 투
쯔덩잉[兔子蹬鷹]이라는 표현 때문인데, 토끼 한 마리가 매를 타고

날고 있는 사진이나 동영상이 인터넷상에서 유행하면서 생겼다. 이 표현은 후에 어떤 사람이나 일에 있어서 수비하면서 공격하는 것, 혹은 어려움을 두려워하지 않고 침착하게 약으로 강을 이기는 것을 의미하게 되었다. 작고 온순한 성격의 토끼는 강한 번식력을 가지고 있으며, 민첩하고 총명하다.

초식동물인 토끼는 공격적이지 않아서 무섭거나 위험한 동물은 아니다. 그러나 위협에 놓였을 때 두려워하지 않고 침착하게 상대방을 이기는 강인함을 나타내는 투쯔덩잉[兔子蹬鷹]의 '투쯔'는 국제 사회에서 중국의 입장을 대변한다. 중국을 상징하는 동물로 토끼는, 중국이 국제 사회에서 위협적이거나 야심을 갖고 있는 나라가 아니라 서로 함께 발전하고 번영하기를 바라는 나라임을 보여준다는 것이다. 중국 속담 투쯔부츠워볜차오[兔子不吃窩邊草]는 '토끼는 자기 보금자리 근처의 풀은 먹지 않는다'는 뜻이다. 이는 이웃에게 선을 베푼다는 의미로 확대되어, 주변 사람들에게 피해를 주지 말자는 뜻으로 사용되기도 한다. 집 주변 또는 근처에서 나쁜 짓을 꾸미지 말라고 경고할 때 쓰이기도 한다.

중국을 상징하는 동물이 토끼가 된 또 다른 설은 '퉁쯔'라고 발음하는 동지(同志)의 중국어 발음과 토끼의 발음 '투쯔'의 약어가 tz로 같아서라는 것이다. '퉁쯔'는 중국인들이 상대방을 친근하게 부를 때 자주 사용하는 호칭이다. 따라서 '동지 여러분'이라는 뜻의 퉁쯔먼[同志們]이 투쯔먼[兔子們: 토끼들]이 되어 중국 인민을 가리키는 용어가 되었다는 것이다.

'토끼의 뿔'은 어쨌든?

일본 고유어로 토끼는 우사기(ウサギ)다. 본래의 옛 단어는 단음절인 우(ウ)였는데, 백로[鷺, サギ]처럼 하얗다고 하여 사기(サギ)가 합쳐졌다는 설이 유력하다.

토끼의 하얗고 둥근 몸통과 긴 귀 때문에, 비슷한 모양을 가진 것들이 토(兎) 자가 들어간 이름을 가졌다. 예를 들어, 다육식물인 쓰키토지[月兎耳]는 하얀 털로 덮인 긴 타원형 잎이 토끼의 귀를 연상시킨 데서 붙여진 이름이다. 또한 당나귀는 일본어로 '로바[驢馬]'인데, 큰 귀가 토끼와 비슷해 우사기우마[兎馬]라는 별칭으로도 종종 불린다. 엔모쿠토지[鳶目兎耳]는 '솔개의 눈에 토끼의 귀'라는 뜻으로, 작은 소리도 잘 듣는다는 것을 토끼의 귀에 비유한 표현이다. 언론인을 칭찬하는 비유로 쓰인다.

일본어를 한자로 표기하는 용법 중에 '아테지[当て字]'가 있다. 한자의 본래 뜻과는 상관없이 그 음(音)이나 훈(訓)을 빌려서 어떤 말을 표기하는 것을 말한다. 보통은 외국 국명이나 지명을 표기하는 데 자주 사용되었는데, 종종 일본어 표기에서도 찾아볼 수 있다. '어쨌든, 아무튼'이라는 의미의 일본어 도니카쿠[兎に角], 도모카쿠[兎も角], 도카쿠[兎角]가 대표적이다. 도니카쿠[兎に角]는 불교 용어 토각귀모(兎角龜毛)에서 유래했다. 토끼의 뿔과 거북의 털은 존재하지 않으므로, 현실에서는 불가능한 것을 가리키는 말이다. 현실에는 없지만 있다고 착각하거나 실체가 없음에도 있다

고 믿을 때 비유적으로 사용되는 사자성어다.

그런데 이 말이 어떻게 '어쨌든'이라는 의미를 갖게 되었을까? 실은 토각귀모의 의미와는 상관없이 아테지[当て字]한 것이다. 참고로, 일본의 국민 작가로 불리는 나쓰메 소세키[夏目漱石, 1867~1916]가 도카쿠[兎角]라는 말을 자신의 작품에 자주 사용했다. 특히 그의 소설 「풀베개[草枕]」의 서두는 많은 일본인이 외울 정도의 명문으로 유명한데, 여기서 '도카쿠[兎角]'가 나온 이후 널리 사용되었다고 한다.

어쨌든 사람 사는 세상은 살기 힘들다[兎角に人の世は住みにくい].

동물을 세는 '마리'와 같은 의미의 일본어는 그 대상에 따라 다양하다. 가령 '도[頭]'는 큰 짐승, '히키[匹]'는 작은 짐승, '와[羽]'는 조류를 셀 때 보통 사용한다. 토끼의 경우 히키[匹]를 사용해야 할 것 같지만, 실제로는 새와 마찬가지로 와[羽]로 센다. 그 이유에 관해 다양한 설이 있는데, 긴 귀가 새의 날개와 같고 사냥하여 털을 벗기면 골격이 새와 비슷하기 때문이라는 설이 유력하다. 과거 일본은 불교의 영향으로 육식을 금했던 시절이 있었는데, 토끼를 동물이 아닌 척 몰래 식육하기 위해서 새와 마찬가지로 세었다는 설도 있다.

매달 1일에는 'Rabbit, rabbit'을 외치자

서양에서 토끼는 일반적으로 행운을 가져다주는 동물로 인식된다. 매달 초하루에 눈뜨자마자 다른 말을 하기 전에 "White rabbit!" 또는 "Rabbit, rabbit, rabbit."이라고 큰 소리로 말하면 그 달의 남은 날에 행운이 온다는 미신이 있다. 언제 이러한 미신이 시작되었는지 알 수 없지만, 오늘날에도 영국의 부모는 매달 초하루가 되면 자녀가 눈을 뜨자마자 "White rabbit!"을 말하도록 시킨다. 미국에서도 최소 19세기 후반까지는 이러한 미신이 있었던 것으로 보인다. 미국의 32대 대통령인 프랭클린 루스벨트(Franklin Roosevelt, 1882~1945)가 어릴 때부터 매달 초하루 눈을 뜨자마자 빼먹지 않고 "Rabbit"이라고 말했다고 고백한 사례가 있기 때문이다.[9]

영어 rabbit은 토끼를 뜻하는 중세 프랑스어 rabotte에서 온 차용어다. rabbit은 토낏과 동물로, 원래 유럽의 남서부와 아프리카 북서부에 서식했다. 이후 영국과 아일랜드에는 식용으로 들여왔다. 18세기까지는 성체 토끼를 coney라고 하고, coney의 새끼를 rabbit이라 했다. 그러나 이후 coney는 사어가 되고 rabbit이 토끼를 가리키는 주요 어휘로 사용되었다. rabbit의 유아어로 bunny가 있다. 우리말 '토깽이'에 해당하는 표현이다.

한국에서는 산토끼와 집토끼의 생김새가 비슷하다. 그러나 유럽에서 산토끼에 해당하는 hare(*Lepus timidus*)와 굴토끼에 해당하는 rabbit(*Oryctolagus cuniculus*)은 생김새와 생활습관이 매우 다르다. hare는 위로 쫑긋 세운 커다란 귀를 가졌으며 rabbit보다 다리가 길고 몸집이 크다. hare는 들이나 산에 살며 단독으로 움직이는 경향이 있다. hare의 새끼는 태어나자마자 일어날 수 있다. 생후 일 년 이내의 hare를 levert라고 한다. 이에 반해 rabbit은 무리지어 움직이고 굴을 파서 생활한다. 갓 태어난 rabbit 새끼는 털이 없고 눈도 제대로 뜨지 못하므로 세심한 돌봄이 필요하다.

서양에서는 rabbit의 이미지가 조심스럽고 경계심이 많은 사람에게 투영된다. 겁이 많거나 쓸모 없다고 여겨지는 사람을 비하해 rabbit이라고 한다. 특히 크리켓 경기에서 공을 잘 치지 못하는 신참 타자를 rabbit이라고 한다. 미국 스포츠에서는 초반에 빨리 뛰고 뒤로 빠지는 역할을 하는 선수를 rabbit이라 부른다.

rabbit이 포함된 관용 표현을 보면 서양인들이 생각하는 토끼의 이미지를 유추할 수 있다. 예를 들어, 구어에서 성적 활동이 빈번하고 왕성하여 다산하는 사람을 가리켜 'breeding like rabbits'라고 한다. 이는 '토끼처럼 새끼를 많이 까다'라는 다소 속된 표현으로, 조심해서 사용해야 한다. 또한 토끼로 하는 임상실험을 'rabbit test'라고 한다. 이와 관련된 관용 표현에 'the rabbit died'가 있다. 이는 여성이 임신했음을 의미하는 완곡한 표현이다. 1931년에 개발된 초기 임신 테스트에서 암컷 토끼에게 임신한 여성의 오줌을 주입하면 그 토끼가 죽는다고 오인한 것에서 유래한 표현이다.

영국 소설에서 가장 유명한 토끼는 루이스 캐럴(Lewis Carroll)

의 「이상한 나라의 앨리스(Alice's Adventures in Wonderland)」(1865)의 '흰토끼'일 것이다. 이 흰토끼는 항상 회중시계를 들고 다니면서 항상 바쁘다고 하기 때문에 '시계 토끼'로도 불린다. 그는 앨리스를 이상한 나라로 끌어들이는 역할을 한다.

그림 4-4 존 테니얼(John Tenniel)이 그린 『이상한 나라의 앨리스』의 삽화

영어에서 rabbit hole은 비유적 표현으로, 일이 점차 이상하고 혼란스럽고 복잡해지는 과정을 의미한다. 「이상한 나라의 앨리스」에 "Captured by curiosity, Alice runs after the rabbit down a rabbit hole[호기심에 사로잡힌 앨리스가 토끼를 쫓아 토끼 굴을 따라 내려간다]."라는 문장이 나온다. 워낙 유명했던 이 책의 영향으로 'down the rabbit hole' 'go down the rabbit hole' 'fall into the rabbit hole' 같은 표현은 혼란과 혼돈의 시기를 의미하거나 시간 가는 줄 모르고 어떤 것에 정신없이 몰두하는 상황을 나타낸다.

한편, 3월의 산토끼[March hare]는 주로 'as mad as a March hare'라는 표현으로 등장한다. 이 표현은 토끼가 특히 번식기인 3월이 되면 매우 날뛰고 미친 듯한 행동을 한다고 생각되어 나온 것이다.

　서양 문화에는 부활절에 색칠한 달걀을 아이들에게 가져다주는 '부활절 토끼[Easter Rabbit]'가 있다. 그러나 이 부활절 토끼는 기독교 전통이라기보다는 앵글로색슨의 신화와 관련이 있다. 앵글로색슨 신화에서 토끼는 봄, 생명, 다산을 의미하는 여신인 에오스트레(고대 영어: Ēostre)를 상징하는 동물로 여겨졌다. 이후 앵글로색슨 신화와 기독교의 부활절이 융합되면서, 부활절과 관련된 기념일에는 토끼가 아이들에게 달걀을 가져다주는 상징적인 존재로 형상화되었다. Ēostre는 부활절을 나타내는 영어 Easter의 어원으로 여겨진다.

제 5 장

동쪽을 상징하는 수호신 · 용 ·

등용문과 과거 급제

청룡(靑龍)은 동서남북의 네 방위 중 동쪽을 지키는 수호신으로, 중국 고대의 방위도인 〈사신도(四神圖)〉에 나타난다. 고대 무덤의 현실(玄室) 동쪽 벽이나 관의 왼쪽에 그려지며, 고구려 고분이나 백제 고분 등에서 볼 수 있다.

오행사상(五行思想)에 의하면, 동서남북은 각각 목(木), 금(金), 화(火), 수(水)에 대응하며 한나라 류안의 『회남자』 「천문훈(天文訓)」은 각각 창룡(蒼龍), 백호(白虎), 주작(朱雀), 현무(玄武)의 사신을 배당했다. 그러므로 청룡은 동방을 다스리는 태세신(太歲神: 태세는 목성[木星]과 같음)으로도 통한다. 또, 방위에 대응하는 청색, 백색, 적색, 흑색의 배치도 고대 사상의 특징이다. 따라서 조선시대의 군기(軍旗) 중 청룡기는 진영의 왼쪽에 세워서 좌군(左軍), 좌영(左營), 좌위(左衛) 등의 표시로 사용했다.

또한 동쪽은 남쪽을 향한 사람에게 왼쪽에 해당하므로 좌청룡(左靑龍)으로, 풍수지리에서는 무덤이 자리하는 주산(主山)의 왼쪽 산줄기를 청룡이라 부른다.

　예로부터 황허[黃河]의 용문(龍
門)이라는 급류에 잉어가 많이 모
였는데, 이 급류를 거슬러 오르는
잉어는 거의 없었다고 한다. 그래
서 이 급류를 거슬러 오른 잉어는
용이 된다는 전설이 생겨났고, 이
로부터 등용문(登龍門)이 입신출
세나 벼슬길에 오르는 관문 등을
통과하는 것을 상징하게 되었다.
　다음 이색(李穡, 1328~1396)의
「용문가(龍門歌)」(『牧隱詩藁』 권3)
에서도 용문을 통과해 과거에 급
제한 인재를 노래한다.

그림 5-1 조선시대의 민화
〈어변성룡도(魚變成龍圖)〉

두 절벽 우뚝 선 곳에 황하가 내달아라	兩崖峭立黃河奔
하늘이 곤륜산에서 한 가닥을 기울였네	天傾一派從崑崙
지세가 푹 꺼져서 병을 거꾸로 세운 듯	地勢忽下倒建瓴
높기는 반공중이요 깊기는 땅속이로다	高似半空深入坤
잉어가 떼를 이뤄 하늘을 우러러 뛰다가	鯉魚成群仰天躍
천둥의 나는 불에 꼬리를 보존 못 한 채	霹靂飛火尾不存

　　　　　　　　　　　　　　　　제5장 ┃ 용

슬퍼라 이마를 다쳐 옛 굴로 돌아가고	哀哉點額還舊穴
일흔둘만이 옥황상제께 조회하였네	七十又二朝天元
더없이 높은 저 하늘 끝까지 오르어라	峻莫峻兮窮上玄
어느 누가 팔을 끌어 붙잡을 수 있을꼬	引臂何人能得捫
한산의 나그네 또한 우연일 뿐이련만	韓山有客亦偶耳
부친의 글 잘 읽어 하늘을 더듬었다네	熟讀父書探天原
적선의 남은 경사가 사책에 넘치는지라	積善餘慶溢史册
대안탑에 머리 돌려 용문을 노래하노라	回首鴈塔歌龍門

등용문을 통과한 것도 모자라 수석을 차지한 사람은 특별대우를 받곤 한다. 고려시대 이후 문과에서 장원을 차지한 사람들이 만든 모임이 용두회(龍頭會)다. 용두회는 장원이 아니면 참석하지 못하는 것이 관례였는데, 조선 후기의 문신 이유원(李裕元, 1814~1888)의 『임하필기(林下筆記)』에 용두회와 관련한 재미있는 일화가 수록되어 전한다.

예전 관례에 용두회에는 다른 손님들은 참석하지 못한다. 장원 황보관(皇甫瓘)이 이 모임을 열었는데 이때 김인경(金仁鏡)이 제이인(第二人)을 한 처지여서 여기에 참석하지 못하였다. 그래서 한 수의 절구를 지어서 보냈다.

그대 집에 귀한 손님들이 모였다는구나	聞道君家有貴賓

모두들 과거에 장원한 분들이라고 하네　　　桂林渾是一枝春

그 같은 좋은 모임에 나는 참석을 못 하니　　如今未得參高會

당시에 이등을 한 것이 한이 되네그려　　　却恨當年第二人

그러자 장원 김군수(金君綏)가 여기에 화답하여 보냈다.

과거 급제를 손님에다 비교치 말게나　　　莫將金榜較嘉賓

철 따라 꽃가지에 봄이 찾아온다네　　　　入律花枝次第春

정월은 아직 춥고 이월은 조금 늦지만　　　正月尙寒二月晚

꽃다운 삼월이 가장 좋은 철이라네　　　　芳菲三月最宜人

　대개 정월을 장원(壯元)에 비유하고 이월을 아원(亞元: 2위)에 비유하고 삼월을 탐화(探花: 3위)에 비유한 것이었다.*

　황보관과 김인경은 절친한 사이지만, 장원을 차지한 사람만 참석할 수 있는 용두회에 과거에서 2등을 차지한 김인경은 참석할 수 없었다. 이에 김인경이 서운한 마음을 표현하자, 김군수가 꽃다운 삼월이 가장 좋은 계절이라며 김인경에게 위로를 건넨 것이다.

---

* 『林下筆記』 권12, 「文獻指掌編」, '龍頭會'.

지상 최고의 권위자 황제와 상상의 동물 용

십이시에서 다섯 번째 시간을 나타내는 진시(辰時)는 용의 주요 활동 시간인 7시부터 9시까지를 나타낸다. 옛날 중국인들은 용이 동방의 바다에 살면서 매일같이 해가 뜰 때 해수면 위로 용솟음하며 하늘로 올라가면서 비구름을 관장한다고 여겼다. 농경 문화였던 중국에서는 이처럼 날씨를 자유자재로 부리는 용을 신처럼 숭배했던 것이다.

그림 5-2 龍 자형의 변천

십이지의 열두 마리 동물 중 유일하게 실존하지 않는 상상의 동물이 용이다. 고대 중국에서 용의 모습을 어떻게 상상했는지 자형의 변천을 통해 확인할 수 있다. 갑골문에서는 뿔과 쩍 벌린 입, 곡선을 이룬 몸통이 특징적으로 표현되었다. 금문에서는 입 속에 이빨이 더해졌고, 소전체(설문)에서는 입이 肉으로 변해 지금의 자형이 대체로 갖추어졌다.[10] 송대 나원(羅願)의 『이아익(爾雅翼)』에서 용의 모습을 자세히 설명했는데, 다음과 같다.

(용은) 아홉(동물)과 비슷한데, 뿔[角]은 사슴[鹿]과 비슷하고, 눈[眼]은 토끼[兎]와 비슷하고, 목[項]은 뱀[蛇]과 비슷하고, 배[腹]는 대합[蜃]과 비슷하고, 비늘[鱗]은 물고기[魚]와 비슷하고, 발톱[爪]은 매[鷹]와 비슷하고, 발바닥[掌]은 호랑이[虎]와 비슷하고, 귀[耳]는 소[牛]와 비슷하다.

[(龍)九似者, 角似鹿, 頭似駞, 眼似兎, 項似蛇, 腹似蜃, 鱗似魚, 爪似鷹, 掌似虎, 耳似牛.]

중국에서 용은 더없이 귀하고 좋은 길상(吉祥)의 존재로 여겨져, 중국 사람들은 스스로를 '용의 자손' '용의 후예'라고 불렀다. 고대 중원 지역을 가리켜 화하(華夏)라고 불렀기 때문에, 한민족(漢民族)을 가리켜 화하민족이라고 하며, 용은 바로 화하민족을 상징한다.

용은 신성하고 신비로운 존재로, 최고의 통치자와 황권의 상징이기도 한다. 황제는 전룽톈쯔[真龍天子: 진룡천자]로서, 황제의 얼굴은 룽옌[龍顔]이라고 하여 함부로 쳐다볼 수 없었다. 뿐만 아니라 황제가 앉는 의자는 룽이[龍椅], 황제가 잠을 자던 침상은 룽촹[龍床], 황제가 입는 옷은 룽파오[龍袍], 황제가 타던 전용 수레는 룽녠[龍輦]이라 높여 불렀다. 이외에도 용의 비늘을 건드린다는 뜻의 추룽린[觸龍鱗]은 황제의 노여움을 산다는 의미로 쓰이는데, 여기서 용의 비늘은 황제의 용포에 해당한다고 볼 수 있겠다. 이처럼 황제와 관련된 단어에는 룽[龍] 자를 넣어 최고의 권위와 특권을 표현했다.

용이라고 같은 용은 아니다

龍*으로 구성된 단어들은 대부분 용이 갖는 긍정적인 이미지
와 관련되어 있다. 중국인들은 절대 권력이나 비범한 능력을 가
진 사람을 용에 빗대 표현한다. 런중룽[人中龍]은 '사람들 중에 용
이 있다'라는 뜻으로 여러 사람들 가운데 뛰어난 능력을 가진 한
사람을 가리킨다. 왕쯔청룽[望子成龍]은 '자녀가 용이 되기를 바
란다'는 뜻으로(子는 아들딸 같은 자녀를 가리킨다), 과거 용이 황제
를 가리켰던 것처럼 자녀가 커서 큰 인물이 되기를 바라는 소망을
담은 표현이다. 덩룽먼[登龍門]은 '용문에 오르다'라는 뜻으로, 입
신출세에 연결되는 관문을 통과하는 것을 가리킨다.

그런데 이름에 龍 자가 들어간 동물이라고 해서 다 같은 용은
아니다. 예외도 있다. 볜서룽[變色龍]은 '변색하는 용'이라는 뜻인
데, 카멜레온을 가리킨다. 변화에 능하고 눈치 빠르게 행동하는
사람을 비유하는 말이기도 한데, 기회주의자를 폄하하는 말로
쓰이므로 사람에게 사용하는 것은 되도록 삼가야겠다. 룽샤[龍
蝦]는 바닷가재를 말하는데, 용과 닮은 외모 때문에 붙여진 이름
이다. 바닷가재는 용처럼 긴 수염을 가지고 있다. 이 긴 수염을 룽
쉬[龍鬚]라고 부른다.

---

* 龍은 획이 많고 자형이 복잡하여 현대 중국의 간화자에서는 초서체를 해서체로
고친 龙으로 쓴다.[11]

물과 비를 관장하는 일본의 용신

일본 고유어로 용은 '다쓰[竜]'다. 용이 몸통을 세워서 하늘로 승천하기 때문에 '세우다'를 의미하는 '다쓰[立つ, 起つ]'에서 유래한 이름이라는 설이 있다. 용은 뱀과 비슷하지만 뱀과 달리 몸을 세워 하늘로 올라가기 때문이라는 것이다.

예로부터 논농사가 생업이었던 일본에서 용은 물을 관장하는 신으로 신성시되었다. 오카미[龗]는 龍의 고어로서, 물과 비를 관장하는 신으로 신앙의 대상이었다. 산봉우리의 비를 관장하는 신이 다카오카미[高龗]이며, 교토에 있는 기후네 신사의 제신으로 기우(祈雨)의 대상이다. 골짜기의 비를 관장하는 것은 구라오카미[闇龗]다. 다카(たか)는 산 위, 구라(くら)는 골짜기를 가리키는 말이다.

竜은 龍의 신자(新字)이자 약자(略字)다. 1981년 竜이 상용한자에 포함되었다. 龍은 상용외한자로 지정되었으나 일부 지역명이나 인명에 여전히 사용되고 있다. 역사 인물명 표기에 대해서는 의견이 분분하다. 일본의 대표적 근대 소설가인 아쿠타가와 류노스케[芥川龍之介, 1892~1927]의 이름은 芥川竜之介로 표기되기도 한다. 본인이 사용한 龍을 써야 한다는 의견도 있지만, 상용한자 사용 규칙에 따라 사전이나 교과서에는 竜로 표기하는 경향이 있다. 두 한자의 사용과 관련해 서양의 용[dragon]은 竜으로, 동양의 용은 龍으로 구분하는 의견도 종종 볼 수 있지만, 구자와 신자의 차이만 있을 뿐 규정되어 있는 바는 없다.

드래건은 용일까 뱀일까?

동양의 용은 신화나 상상의 동물로 간주되며, 서양의 드래건
(dragon)은 고대에는 '큰 뱀'을 의미하는 용어였으나 현재는 주로
상상 속의 괴물을 가리킨다. 서양 고대와 중세의 신화 속 드래건은
큰 뱀과 유사한 괴물로 묘사된다. 드래건은 거대하고 무시무시한
파충류로, 강한 발톱에 피부는 비늘로 덮여 있으며 때로 날개를
가지면서 입에서 불을 내뿜는다. 동양의 용이 성스러운 동물로 간
주되는 반면, 서양의 드래건은 괴물 혹은 악마와 연결되는 경향이
있다.

dragon의 고대 그리스어는 '거대한 뱀[huge serpent]'을 의미하는
drakōn이며, 라틴어는 drǎco, 고대 프랑스어는 dragon이다. 드래건
의 원래 의미가 큰 뱀이었음을 어원으로 알 수 있다.

그리스 신화 속의 드라콘(drakōn)은 거대한 뱀에 한정되어 사용
된다. 드라콘은 오늘날 서양의 드래건보다 독기를 더 내뿜는다. 암
컷 드래건[she-dragon]은 드라카이나(drakaina)다. 드라콘은 중성적
인 단어이지만, 신화 속의 드라카이나는 영웅과 짝을 맺어 한 왕
가의 최초의 어머니가 되기도 했다. 드라카이나 스키타이(Drakaina
Scythia)는 상반신은 여자이고 뱀의 꼬리를 가진 반인반수로, 오늘
날 흑해 북부 지역인 스키타이 땅을 최초로 다스렸다. 헤라클레스

가 소 떼를 몰고 이곳을 지나갈 때 드라카이나가 몇 마리의 소를 훔치고 소를 돌려주기 전에 그와 관계 맺기를 요구했다. 헤라클레스가 이를 수락했고, 이후 그와의 사이에 태어난 왕들이 스키타이 계보를 형성했다.

그리스 신화에서 대표적인 드래건을 살펴보자. 티폰(Typhon)은 허리 아래는 뱀이고 허리 위는 사람인 반인반수로, 무시무시한 목소리를 가진 괴물이다. 그는 마찬가지로 허리 아래는 뱀이고 상반신은 아름다운 여인인 에키드나(Echidna)와의 사이에서 키메라와 스핑크스, 케르베로스 등 수많은 괴물을 낳았다. 헤스페리데스(Hesperides)의 정원에서 황금 사과를 지키고 있던 용 라돈(Ladon)은 뱀과 관련된 괴물 중 하나다. 라돈은 황금 사과가 열리는 나무를 칭칭 감고 있었다고 한다. 또한 여러 개의 머리를 가진 물뱀인 레르네의 히드라(Hydra)도 있다. 이 괴물은 치명적인 독기와 피, 송곳니를 가지고 있었다.

또 다른 유명한 드래건으로 피톤(Python)이 있다. 피톤은 대지의 여신 가이아의 신전을 지키는 드래건으로, 주로 큰 뱀으로 묘사된다. 여러 신화에서 피톤은 아폴론의 천적으로 등장했는데, 아폴론이 피톤을 죽이고 델포이를 자신의 신전으로 삼았다. 여기서 신탁을 전하는 여사제를 이후에도 여전히 피티아(Pythia)라고 했다. 또한 델포이에서는 아폴론의 승리를 기념해 기원전 590년 경부터 4년마다 예술과 스포츠의 향연을 개최했는데 이를 피티아 제전이라 한다.

킹 제임스(King James) 버전 구약 성경에서 드래건은 21회 등장한다. 라틴어 불가타 성경에는 draco로, 70인역 그리스어 성경에는 δράκων(drakōn)으로 표기된다. 히브리어 성경에서는 tannīn으로 표기되었는데, 거대한 바다 괴물, 고래, 상어, 악어 또는 큰 뱀을 의미하지만 오늘날에는 tan을 자칼로 해석하는 경우도 있다. 한국어 개역본 성경에서는 tan을 자칼로 표기했다. 예루살렘 남동쪽의 기드론 골짜기에 있는 'Jackel Well'이 한국어 성경에 '탄닌(용)의 샘'으로 번역되었다.

기독교 성경에서 드래건과 뱀은 악과 악마의 상징으로 간주된다. 드래건은 'Old Serpent'로 풀이되는데, 이는 사탄의 호칭이다. 킹 제임스 버전 성경의 계시록 20장 2절의 "And he laid hold on the dragon, that old serpent, which is the Devil, and Satan, and bound him a thousand years[용을 잡으니 곧 옛 뱀이요 마귀요 사탄이라, 잡아서 천 년 동안 결박하여],"라는 구절이 이러한 맥락에서 언급되었다.

영문학에서 가장 유명한 드래건은 고대 영웅 서사시인 「베오울프(Beowulf)」 속의 화룡[fire-breathing dragon]이다. 이 서사시에서 가장 잘 알려진 부분은 베오울프와 그렌델의 이야기다. 베오울프가 괴물 그렌델과 그 어미를 죽인 공로를 세워 고향으로 돌아와 왕이 되고 평화롭게 나라를 다스린다는 이야기다. 그런데 베오울프의 통치 말년에 한 백성이 화룡이 깊은 동굴 속에 감추어두었던 보석 잔을 훔치는 일이 발생한다. 화가 난 화룡은 나라를 혼란

에 빠뜨린다. 베오울프와 부하
들이 화룡을 물리치기 위해 나
섰으나 화룡을 보고 공포에 사
로잡힌 병사들은 위글라프를
제외하고는 모두 도망간다. 늙
은 베오울프는 화룡에게 치명
상을 입히고 위글라프가 마침
내 화룡의 숨통을 끊는다. 베오
울프의 생애도 여기서 끝난다.
베오울프 서사시 속의 보물을
지키고 불을 뿜는 이 화룡은 서
양 드래건의 기본적인 개념을
확립한다.

그림 5-3 화룡에 맞서는 베오울프

　드래건이 사람에게 적용될 때는 사악한 사람이나 괄괄하고 드
센 여자를 가리킨다. 또한 드래건이 깊은 동굴에 보물을 숨기고
아무도 찾지 못하게 지키는 역할로 이야기 속에 자주 등장하기 때
문에, 젊은 숙녀를 철두철미하게 지키는 노년의 여자를 드래건이
라 부르기도 한다.

제 6 장

사악함과 음흉함의 표상 · **뱀**

뱀의 몸을 가진 전설의 황제

동서양과 고금을 막론하고 뱀은 다른 어떤 동물보다 사람들에게 복합적인 인식을 갖게 한다. 두려움과 숭배, 증오와 경외 그리고 행운 등 복잡한 인식의 층위가 동시에 존재한다. 고대 신화에서 뱀은 대체로 우주의 원초적인 생명력 또는 순환하는 힘을 상징하는 존재로 나타난다. 중국의 신화에서 우주의 확립과 생명의 창조 원천을 상징하는 대모신(大母神)은 여성체로서 '여와(女媧)'라고 불리기도 한다. 문헌에 묘사된 그녀의 모습을 보면, 사람 머리에 뱀의 몸을 하고 있다.

여와 말고도 중국의 전설 속 황제인 신농(神農)과 복희(伏羲)도 뱀의 몸을 가졌다고 한다. 복희는 남신으로서 상반신이 사람이고 하반신이 뱀의 모습이었다고 알려져 있다. 일설에는 여와가 복희와 남매라고도 한다. 이들은 대홍수로 인류가 멸망했을 때 표주박 배를 탄 까닭으로 살아남았고, 그 후 결혼해 인류의 선조가 되었다고 한다. 또한 복희는 팔괘를 만들고 인류에게 불씨를 주어

고기를 구워 먹을 수 있게 만들었다고도 한다. 신농은 농경 기술과 의료를 알려주었다고 한다.

그럼에도 뱀은 인간에게 해를 끼치는 동물이라는 부정적인 이미지를 갖는다. 이는 무양(無恙) 또는 무타(無他)라는 어휘에서도 확인된다. '무양'과 '무타'는 오늘날의 '안녕하세요?'라는 인사말에 해당하는데, 뱀과 관련이 깊다. 한마디로, 뱀에게 물려서 해를 당하지 않았는지 묻는 인사말인 셈이다. 아래 글에서 그 어원을 살펴볼 수 있다.

옛사람들은 '무양(無恙)'이나 '무타(無他)'라고 칭하였다. 살펴보건대, '양(恙)'은 응소(應劭)의 『풍속통(風俗通)』에서 "독충(毒蟲)이 사람을 잘 무는데, 옛사람들은 풀 속에 살면서 노숙했기 때문에 서로 안부를 물을 때 '무양(無恙)'이라고 했다."라고 하였다. '양(恙)'은 『이아(爾雅)』와 『설문해자』에서 모두 '근심'이라고 하였다. '타(他)'는 『설문해자』에서 '뱀'이라고 하였다. 상고(上古)에는 뱀을 근심하여 서로 안부를 물을 때 "뱀에게 물리지는 않았는가[得無他乎]?"라고 한 듯하다. 지금 민간에서 편지의 첫머리에 '무타(無他)'라고 쓰는 말이 이것이다.*

---

* 『芝峯類說』 권7, 「文字部」, '文義': "古人稱無恙無他. 按恙, 應劭 『風俗通』曰: "毒蟲能噬人, 古人草居露宿, 故相勞問."云. 『爾雅』『說文』皆曰憂也. 他, 『說文』云, "蛇也." 蓋上古患蛇而相問得無他乎? 今俗文書首稱無他者, 此也."

인간의 의식에 뱀이 어떻게 자리 잡고 있는지를 단편적으로 보여주는 사례로, 뱀이 인간에게 가장 위협적인 동물 중 하나임을 확인할 수 있다.

사악하고 음란한 뱀

뱀은 음(陰)과 양(陽)으로 구분하면 음에 속하며, 그 성질은 사악하고 음란하다고 인식되었다. 또한 뱀은 환경에 민감한 동물이라서 급격한 변화가 가능하며, 심지어 다른 동물과 교배도 가능하다고 여겨졌다. 뱀에 대한 이러한 인식과 이미지는 많은 이야기를 양산하기에 이른다. 조선 후기 조재삼(趙在三, 1808~1866)의 『송남잡지(松南雜誌)』에는 뱀과 관련한 다양한 이야기가 소개된다.

영월군(寧越郡) 동쪽에 오라사(於羅寺) 연못이 있다. 조선 세종 13년(1431)에 큰 뱀이 있었는데, 못에서 뛰놀기도 하고 물가를 꿈틀거리며 기어 다니기도 하였다. 이놈이 하루는 돌무더기 위에 허물을 벗어놓았는데, 길이가 수십 자이고 비늘은 동전 같았다. 고을 사람들이 왕에게 보고하였더니, 왕이 권극화(權克和)를 보내어 조사하게 하였다. 그래서 권극화가 못 가운데에 배를 띄웠더니 폭풍이 갑자기 일어나 결국 그 종적을 찾을 수 없었다. 이후로 뱀 역시 다시는 볼 수 없었다.

『운서(韻書)』에서 "현무수(玄武宿)는 등사(騰蛇)다."라고 하였다. 「귀책열전(龜策列傳)」에서 "등사(騰蛇) 귀신은 즉저(蝍蛆)에게 위협을 받는다."

라고 하였는데, 그 주석에서 "등사는 용의 족속이다. 즉저는 누리와 비슷하다."라고 하였다. 한편 『장자』에서 "지네는 작은 뱀을 맛있어한다[蝍且甘帶]."라고 하였으니, 여기에서 '즉저(蝍且)'는 지네를 의미한다. 『이아』에서 "강수(江水)와 회수(淮水) 이남 지역에서는 '복(蝮)'이라 부르고, 이북에서는 '훼(虺)'라고 부른다."라고 하였다.

『동국여지승람(東國輿地勝覽)』에서 "제주도 풍속에 뱀을 두려워하여 잿빛 뱀을 보면 사귀(蛇鬼)의 신이라 여기고 제사를 지낸다."라고 하였다.

『북제사(北齊史)』에서 말하기를 "육법화(陸法和)의 제자가 장난으로 뱀 머리를 자른 후 법화에게 나아갔다. 그런데 법화가 '너는 무슨 생각으로 뱀을 죽였더냐?'라고 말하며 손가락으로 가리켜서 보게 하였다. 제자는 뱀 머리가 자신의 바지를 물고 떨어지지 않는 것을 보았다. 이에 참회하도록 하였다."라고 하였다. 지금의 뱀을 죽이면 앙갚음을 받는다는 말은 오래전부터 있었던 듯하다.

『쇄록(瑣錄)』에서 "나무꾼이 보아하니, 뱀이 구멍으로 들어갈 때면 반드시 곁에 있는 작은 돌을 핥는 것이었다. 그 후에도 뱀은 그처럼 하였다. 나무꾼이 그 돌은 어떤 맛이 날까 궁금하여 핥아보았다. 그런데 집에 돌아오자 벙어리처럼 말이 나오지 않았고, 그 이듬해 경칩(驚蟄)이 되어서야 말을 할 수 있었다."라고 하였다.

우리나라에서 배암[百嚴]이라고 하니 백 번을 보아도 엄(嚴)하다는 의미다. 연산군이 뱀을 구해다가 침상 아래에 두고 그 위에서 음란한 짓을 하니, 온전한 인성이 아니다. 그에게 진상할 뱀을 실은 배가 아산포(牙山

浦)에 이르렀을 때, 중종반정이 일어났기에 뱀을 그대로 풀어주니, 지금의 뱀밭[蛇田]이 그곳이다. 지금 뱀침[蛇針]으로 사람에게 침을 놓는데, 그 독이 뱀에게 물린 상처보다도 심하다고 한다.[*]

첫 번째는 조선 세종 때 커다란 뱀이 나타나 국가에서 직접 조사했다는 일화다. 두 번째는 용의 일종이라는 등사(騰蛇)에 관한 이야기다. 세 번째는 제주도에서는 뱀을 두려워하는데, 특히 잿빛 뱀을 신으로 여긴다는 이야기다. 네 번째는 뱀을 죽이면 앙갚음을 받는다는 말의 기원을 『북제사』의 육법화 이야기에서 찾고 있다. 다섯 번째는 우리나라 문헌에서 뱀독에 혀가 마비되었던 사람의 이야기를 인용했고, 여섯 번째에서는 연산군이 뱀을 이용하여 음란한 짓을 하였던 이야기를 기록하며, 뱀침에 관해서도 소개하고 있다.

* 『松南雜識』,「蛇鬼」: 寧越於羅寺淵, 在郡東, 而我世宗十三年, 有大蛇或遊躍于淵或蜿蜒于渚, 一日遺 蛻於石磧上, 長數十尺, 鱗甲如錢, 邑人拾鱗以聞, 遣權克和驗之, 克和泛舟中淵, 暴風忽作, 竟莫得其迹, 後蛇亦不復見.『韻書』曰:"玄武宿, 騰蛇." 龜莢傳,"騰蛇之 神, 始於蚰蛆." 註,"騰蛇龍屬, 蚰蛆似蝗."『莊子』,"卽且甘帶."是也. 『爾雅』曰:"江淮 以南爲蝮, 以北爲虺."『輿覽』曰:"濟州俗畏蛇, 見灰色蛇, 以爲蛇鬼之神, 祭之."『北齊史』,"陸法和弟子戲截蛇頭. 法和曰:'何意殺?'因指示之, 弟子見蛇頭齘袴襠不落, 乃使懺悔."今殺蛇有報之說, 舊矣.『瑣錄』云:"樵者, 見蛇入穴, 必舐穴傍小石, 後蛇如之, 樵者以爲有何味, 試舐之, 及到家, 瘖不言, 至明年啓蟄, 乃發語."云. 俗謂百嚴, 言百見而嚴也. 燕山求蛇置床下, 淫戲其上, 非人性之宜者, 蛇船, 至牙山 浦而反正, 乃放之, 今蛇田, 是也. 今以蛇針, 針人, 其針, 甚於蛇傷云.

뱀에 빗댄 병명, 상사사

뱀에 빗댄 병명도 있는데, 상사병에 걸린 사람의 상태를 가리키는 상사사(相思蛇)라는 병이다. 상사사에 씌면 의원이나 무당조차 손쓸 방법이 없다고 한다. 이와 관련한 이야기는 1920년대까지 민간에 널리 유포되었다.

근일 평양부내(平壤府內)에는 엇던 절문 녀자가 소위 상사배암이란 것이 몸에 감기여 생명이 위태한 경우에 이르럿스며 이것을 치료키 위하야 평양자혜의원(平壤慈惠醫院)에 입원하얏다는 풍설이 류행되야 모르난 사람이 업스리만치 되엿다. 동시에 자혜의원 시료부에는 매일 일부러 더운 땀을 흘녀가면서 구경차로 가는 사람이 뒤를 이을 디경이라는대 일본 녀자는 강아지 색기를 나은 일이 잇다고 떠드는 시대이지마는 얼마 되지 안는 거리를 두고 한 부내에서 이와 갓튼 풍설이 잠시 동안 덩말갓치 세력을 어덧든 것은 참으로 긔괴한 일이다. 이제 그 풍설이 류행된 원인을 잠간 말하건대 平壤府 본정(本町) 삼십오 번디 송두덕(宋斗德) 당년 삼십륙 세 된 녀자가 약 일주일 전 전긔 자혜의원에 입원한 일이 잇섯는대 이 녀자는 본년 삼 월경부터 월경이 끈어지고 배가 점점 불너옴으로 이것이 필시 아해를 배인 것이라고만 생각하얏는대 근자에 이르러는 배만 부를 뿐 외라 일신이 전부 붓고 월경이 다시 시작됨으로 비로소 병이 생긴 줄을 깨달은 동시에 인력거를 타고 자혜병원 압헤 니르러 돌연히 하문으로 붉은 피를 흘니며 결국 포도 송이 갓흔 것이 한 되

가량이나 나왓는대 이것은 병명으로 포도장귀태(葡萄醬歸胎)란 생식긔
병이며 병중에 가장 희귀한 병으로 의학계에서는 한 번 맛나보기를 원
하든 병이라, 인하야 동병원에 입원을 식킨 일이 잇섯는대, 이 말이 점점
전파되야 처음에는 엇던 녀자가 자혜병원 문 압에서 '배암'의 색기를 무
수하게 나앗다고 하고 그다음에는 엇던 녀자가 대동강(大同江)에서 빨
내를 하다가 큰 배암이 빨내 광주리에 들어 잇슴으로 이것을 복사(福蛇)
라고 하면서 광주리에 담어 가지고 오다가 중간에서 배암이 그 녀자의
몸에 감기엿슴으로 자혜병원에 가서 엇던 독약을 먹이여 배암을 떠이고
자 하얏스나 그 배암은 그 녀자가 먹는 음식이라야만 먹음으로 약도 먹
이지 못하고 생명이 위태하다고 하얏스며 최근에는 그 배암의 몸을 잘
너 죽이여서 문밧 엇던 곳에 던지엿다고. 또한 그곳으로 구경가는 사람
이 무수한 동시에 실제 그 배암을 보앗다는 자까지 잇서서 크게 야단을
하고 목하 한 리야기거리가 되야 상금도 반신반의 중에 잇는 사람도 적
지 아니한 중이라더라.[평양]

   −『동아일보』(1922. 7. 29) 3면 사회 기사, 「상사사(相思蛇)는 희세(稀
      世)의 귀태(鬼胎)」

당시 포도장귀태(葡萄醬歸胎)라는 생식기 병을 상사사라고 했던
것으로 보인다. 사람들은 여자가 상사사에 들씌워 뱀의 새끼를 무
수히 낳았다는 소문을 유포했다. 또 다른 소문은 빨래 광주리에
들어간 뱀을 복사(福蛇)라고 여겨 가지고 오다가 해를 당한 여자
에 관한 것이다. 이 기사는『매일신보』1929년 9월 12일자 '성혼

전 사망한 총각 상사사되야 처녀에게'라는 제목으로 소개되기도 한다.

昭和四年九月十二日

鄕土傳說

成婚前死亡한총각
相思蛇되야處女에게
平北熙川郡破明洞由來【金善言】

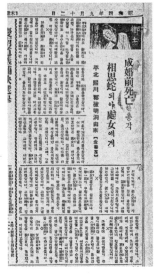

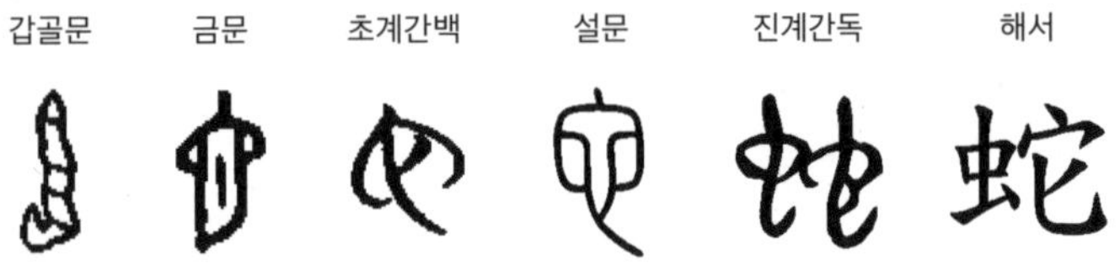

그림 6-1 상사사에 관한 이야기를 실은 신문 기사
(『매일신보』 1929년 9월 12일자)

작은 용에 걸맞은 신비스러운 뱀

십이시에서 여섯 번째 시간을 가리키는 사시(巳時)는 뱀의 주요 활동 시간인 9시부터 11시까지를 가리킨다. 십이지 열두 동물 중에 유일하게 다리가 없어 기어 다니는 뱀은, 변온동물이라 기온의 영향을 많이 받기 때문에 낮에 태양이 떠오르고 따뜻해졌을 때 활동하기 시작한다.

갑골문
금문
초계간백
설문
진계간독
해서
蛇

그림 6-2 蛇 자형의 변천

뱀은 중국어로 '서[蛇]'라고 하는데, 사람들에게 공포와 혐오감을 일으키는 동물로 인식된다. 그러나 용의 모습에서 뱀의 모습을 발견할 수 있듯이, 龍에 '작을 소(小)'나 '땅 지(地)'를 붙여 샤오

룽[小龍] 또는 디룽[地龍]이라고 뱀을 부르기도 하며, 반대로 용은 다룽[大龍] 또는 톈룽[天龍]이라고도 부른다. 뱀은 공포의 대상이지만 매끈하고 날렵한 외형과 차가운 이미지는 오히려 호기심을 불러일으키는데, 「바이서촨[白蛇傳]」에는 아름다운 처녀로 변신한 백사가 등장한다. 「바이서촨」은 중국 4대 민간애정소설 중 하나로, 천 년의 수련을 통해 사람의 모습을 한 백사와 인간의 애절한 사랑 이야기다. 백사와 인간의 사랑은 이루어지지 못하고 백사는 레이펑타[雷峰塔: 뇌봉탑]에 갇히게 된다는 비극적인 결말로 끝난다.

뱀이 힘 있게 꿈틀거리는 모양 때문에 글씨나 지형이 생동감 있고 뛰어날 때 뱀에 비유하기도 한다. '비저우룽서[筆走龍蛇: 붓이 지나가니 용과 뱀이 나타난다]'는 필체가 용과 뱀이 움직이는 것처럼

그림 6-3 중국 저장성 항저우시(杭州市)에 있는 레이펑타

생동감이 넘치는 것을 비유한다. '페이냐오징서[飛鳥驚蛇: 새가 날고 뱀이 놀란다]'는 자연스럽고 생동감 넘치게 쓴 차오수[草書: 초서체]를 비유한 것이다. 초서체는 보통 뱀이 움직이는 것처럼 글씨를 알아볼 수 없을 정도로 흘려 쓴다.

그림 6-4 명나라의 문인 축지산(祝枝山)의 초서 蛇

'창산서스[常山蛇勢: 상산의 뱀 같은 기세]'는 옛날 '창산서[常山蛇: 상산에 사는 뱀]'가 머리를 공격하면 꼬리가 치고, 꼬리를 공격하면 머리가 치며, 허리를 공격하면 머리와 허리가 합세해서 치는 등 반응이 매우 민첩했던 데서 유래한 말이다. 후에 병법에서 결점이 없이 함께 공격하는 진법을 이르는 표현이 되었다.

독사의 독은 사람에게 치명적이지만 이 독으로 사람을 살리는 경우도 있다. 몸보신으로 뱀고기를 푹 끓여서 뱀탕을 먹기도 하고 독사의 각 부위나 독은 약용으로 쓰이기도 한다. 서두[蛇毒: 뱀독]는 두서[毒蛇: 독사]의 체내에서 독물질을 채취해 약으로 쓰는 것을 말한다. 서단[蛇膽]은 푸서[蝮蛇: 살무사]의 쓸개를 말하는데, 열을 내리고 살균 작용이 있다고 한다. 뱀의 허물도 약으로 쓰인다고 하는데, 서투이[蛇蛻: 뱀 허물]는 경기, 신경 경련, 발작 등을 치료하는 데 쓰인다. 정말 머리부터 꼬리까지 버릴 것이 없는 영양만점의 동물이다.

제6장 | 뱀

뱀의 발이라는 뜻의 서주[蛇足]도 약으로 쓰일까 오해하는 일은 없도록 하자. 서주[蛇足]는 발이 없는 뱀에 발을 그려 넣었다는 화서톈주[畫蛇添足: 화사첨족]에서 나온 말로, 쓸데없는 짓을 하다가 일을 그르치는 경우를 가리킨다. 한국어의 '사족을 더하다'라는 표현과 같다. 뱀과 외형적으로 닮았으나 네 개의 다리가 있는 동물로 도마뱀이 있다. 도마뱀은 스쟈오서[四脚蛇: 네 발 달린 뱀]라고 한다.

사악하고 음흉한 뱀의 이미지

뱀은 렁쉐동우[冷血動物: 변온동물]인데, 이 표현은 인정이 없고 냉혹한 사람을 가리킬 때 사용된다. 즉 한국어의 '냉혈인간'으로 볼 수 있다. 뱀은 사악하고 음흉하며 냉정한 동물을 대표한다. 따라서 서[蛇]로 구성된 어휘는 대부분 부정적인 의미를 가지고 있는 경우가 많다.

서터우[蛇頭: 뱀 머리]는 밀입국 알선 조직의 두목을 가리키며, 부당한 방법으로 재물을 취하는 사람을 이른다. 서셰[蛇蠍: 뱀과 전갈]는 악독한 사람을 비유하고, 디터우서[地頭蛇: 지방의 우두머리 뱀]는 각 지역에서 우두머리 행세를 하는 무뢰한을 비유한다. 런서[人蛇: 인간 뱀]는 뱀처럼 슬쩍 밀입국하는 사람을 비유하고, 포커우서신[佛口蛇心: 부처의 입, 뱀의 마음]은 입으로는 좋은 말을 하지만 마음속은 매우 악독한 경우에 쓰인다.

일본의 뱀, 수신(水神)이자 퇴치의 대상

일본 고유어로 뱀은 '헤비[蛇]'인데 그 어원에 관해서는 다양한 설이 있다. 먼저, 기는 동작 때문에 하히무시[這虫, ハヒムシ]에서 유래했다는 설, 작은 동물을 통째로 먹는 습성 때문에 하무[食む]에서 변용되었다는 설이 있다. 또한 탈피하는 성질 때문에 헨미[変身: 모습을 바꿈]에서 헤미(ヘミ)로 변했고 비[尾: 꼬리]의 의미가 추가되어 헤비(ヘビ)로 변화했다는 설도 있다.

뱀의 이칭 중 '우와바미[蟒蛇]'와 '오로치[大蛇]'는 큰 뱀을 부르는 속칭이다. 일반적으로 신화나 전설 속 거대한 뱀을 가리키며, 대개 인간을 괴롭히는 괴물로 등장한다. 이 중 우와바미[蟒蛇]의 경우 대주가인 주고[酒豪: 주호]를 비유할 때 자주 쓰는 관용어이기도 하다.

일본 신화에 등장하는 뱀 중에서 가장 유명한 것은 '야마타노오로치[八岐大蛇]'다. 여덟 개의 머리와 여덟 개의 꼬리를 가졌으며, 눈은 꽈리처럼 새빨갛고, 등에서는 이끼와 나무가 자란다고 묘사되었다. 그 크기가 거대해 여덟 골짜기와 여덟 봉우리에 걸쳐 있을 정도였다고 전해진다. 야마타노오로치와 관련된 신화의 주된 내용은 일본 태양신인 아마테라스오미카미[天照大神]의 남동생인 스사노오노미코토[須佐能袁命]가 야마타노오로치의 목과 꼬리를 잘라 퇴치하는 이야기다. 이때 야마타노오로치의 꼬리에서 '구사나기노 쓰루기[草薙劍]'라는 검이 솟아올랐는데, 이 검이 바로 일본의 삼종신기(三種神器) 중 하나이며 아마테라스로부터 전해 받아 대대손손 이어져 내려왔다는 일본 왕실의 상징으로 여겨진다.

한편, 일본에서 뱀은 고대부터 신앙의 대상이기도 했다. 특히 농경 사회에서 중요한 물을 관장하는 수신(水神)으로서 상징성이 짙다. 이와 관련된 어휘로, 수도꼭지를 뜻하는 자구치[蛇口]가 있다. 직역하자면 '뱀의 입'이다. 일본에서 처음 설치된 수도는 1887년 요코하마 지역의 공용 수도전이다. 당시 공용 수도전은 영국산 수입 제품이 대부분이었는데, 유럽의 수도꼭지에는 유럽에서 물의 신으로 여겨지는 사자가 장식되어 있었다. 이후 일본에서 자체적으로 수도꼭지를 만들게 되자 일본에서 수신으로 여겨지는 용 모양으로 디자인해 류즈[龍頭]라고 불렀다. 왜 이것을 '뱀의 입'으로 부르게 된 것인지에 관해서는, 용과 함께 수신으로 여겨졌던 뱀에 비유해 '뱀 모양 철주 공용전[蛇体鉄柱式共用栓]'으로 불리게 되었다는 설, 수도꼭지로 이어지는 수도관의 기둥 디자인이 '뱀의 배[蛇腹]'와 같은 모양이기 때문이라는 설 등이 있다. 참고로 아코디언의 주름 부분처럼 유연한 형상의 물체를 자바라[蛇腹]라고 한다. 훗날 개별 수도전이 생기

그림 6-5 이바라키현 미토시에 있는
용 머리 모양의 공용 수도전

면서 자구치[蛇口]라는 명칭이 정착했다.

악인가, 지혜의 화신인가

영어에 뱀을 의미하는 다양한 단어가 있는데, 그중 snake, serpent, viper, adder 등이 있다. viper와 adder는 뱀 중에서도 독사를, 특히 adder는 영국에서 독사를 가리키는 단어다. serpent는 snake보다 크고 긴 뱀을 가리킨다. 옛날에는 snake보다 serpent가 뱀을 대표하는 어휘였지만 점차 snake가 serpent를 대체했다.

기독교의 영향으로 인해 서양에서 뱀은 부정적인 이미지를 가진다. 뱀은 교활한 말로 아담과 이브를 유혹하여 그들을 낙원에서 추방당하게 만든 간악한 동물로 여겨진다. 구약 성경 창세기 3장 1절에 "뱀은 하느님이 지으신 들짐승 중에 가장 간교하니라"라고 적혀 있다. 이로 인해 뱀은 사악하고 간교한 동물의 대명사가 되었다.

영어 관용어에 'nourish a snake in one's bosom[품 안에서 뱀을 키우다]'라는 표현이 있다. 이는 은혜를 원수로 갚는 배은망덕한 자에게 사용된다. 이와 비슷한 의미로 우리말에는 '머리 검은 짐승은 거두는 것이 아니다'라는 속담이 있다. 이솝 우화 '농부와 독사'에는 농부가 들판에서 얼어 죽을 뻔한 뱀을 집으로 데리고 와 따뜻하게 품어 살려주었더니 살아난 독사가 농부를 물어 죽였다는 내용이 나온다. 이 우화도 뱀을 간악하고 사악한 동물로 그리고 절대 은혜를 베풀어서는 안 되는 악으로 규정하고 있음을 보여준다.

그러나 서양에서 뱀이 음흉하고 간악한 이미지로만 등장하는 것은 아니다. 실제로 구약 성경과 그리스 신화에서 뱀은 다양한 의미와 상징을 가진다. 구약 성경 민수기 21장 4~9절에는 뱀이 치료의 상징으로 나온다. 이스라엘 민족이 애굽에서 나온 뒤 광야에서 하나님과 모세를 원망하자 하나님이 진노하여 불의 뱀[fiery serpents]을 보내 그들을 물어 죽게 했다. 백성들이 다 죽게 되자 모세에게 애원했고 모세는 하나님에게 기도했다. 이에 모세에게 놋쇠 뱀[serpent of brass]을 만들어 장대에 걸게 했고, 뱀에 물린 사람이라도 그 놋뱀을 보면 나았다.

또한 그리스 신화에서는 뱀이 의술의 신을 상징한다. 아스클레피오스(Asclepius)는 죽은 자도 살리는 의술의 신으로, 히포크라테스 선서에도 등장한다. 아스클레피오스의 상징은 한 마리의 뱀이

그림 6-6 세계보건기구의 로고에 쓰인 아스클레피오스의 지팡이(왼쪽)와 한때 대한의사협회 로고에 쓰였던 헤르메스의 지팡이(오른쪽)

휘감아 올라간 지팡이다. 당시 사람들은 뱀이 죽은 자를 되살리는 약초를 가져온다고 믿었기 때문에 뱀이 의술의 신을 상징하게 된 것이다. 이 지팡이는 현재까지도 의학의 상징으로 여러 의료 단체의 로고로 사용되며, 세계보건기구(WHO)의 로고로도 알려져 있다.

헤르메스의 지팡이인 카두케우스(Caduceus)에도 뱀이 있다. 헤르메스의 지팡이는 뱀 두 마리가 휘감아 올라간 형태다. 이 지팡이의 모양이 아스클레피오스의 지팡이와 비슷해 흥미로운 일이 발생했다. 한때 여러 의료 단체에서 아스클레피오스와 헤르메스의 지팡이를 혼동해 헤르메스의 카두케우스를 상징으로 사용한 것이다. 대한의사협회도 그중 하나였지만 현재는 아스클레피오스의 지팡이로 로고를 변경했다. 헤르메스는 이승과 저승의 메신저이자 거짓말쟁이, 도둑 등을 상징하는데, 이러한 이유로 그의 지팡이를 의료 단체의 로고로 사용하기에 부적절하다고 판단했기 때문이다.

성 패트릭의 날인 3월 17일이 다가오면 성 패트릭이 아일랜드의 뱀을 모두 몰아낸 것이 참인지 허구인지를 논하는 재미있는 글들이 올라온다. 아일랜드는 현재까지도 뱀이 존재하지 않는 나라로 알려져 있는데, 이와 관련된 전설에서 성 패트릭이 아일랜드에 기독교를 전파하면서 뱀 지팡이로 아일랜드의 뱀을 모두 바다로 몰아 없앴다고 나온다. 이는 성경에서 뱀은 악의 상징으로 여겨지므로 포교를 통해 이교도나 악을 내몰았다는 상징으로 해석될 수 있다.

뱀은 서양에서 기독교의 영향으로 인해 간악한 악마의 이미지로 여겨진다. 그러나 오늘날 의료 단체의 로고에 뱀이 사용되는 것에서 알 수 있듯이 치료와 관련된 의미를 가지고 있다. 그런 이중성을 보여주는 표현으로 '뱀 기름[snake oil]'이 있다. 19세기 중반 미국에서 중국인 철도 노동자들은 힘든 노동 후에 뱀 기름 연고를 사용하기 시작했다. 이 약은 방울뱀[rattlesnake]의 기름을 짜서 만든 것으로, 류마티스염이나 관절염에 효과가 있다고 여겨졌다. 그러나 현실에서는 점차 뱀 기름이 희귀해졌고, 'snake oil'이라는 이름으로 판매되지만 실제로는 뱀 기름이 들어가지 않은 가짜약이 많아졌다. 이로 인해 snake oil은 약장수들이 판매하는 효과 없는 가짜약을 의미하는 표현이 되었다.

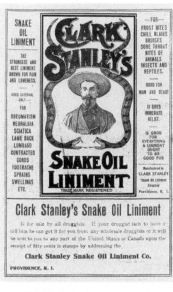

그림 6-7 클라크 스탠리(Clark Stanley)의
뱀 기름 연고약 광고 포스터

제 7 장

온 세상을 원하는 자에게 필요한 것 · **말**

말의 길이 곧 도로

십이시에서 일곱 번째 시간을 가리키는 오시(午時)는 말의 주요 휴식 시간인 11시부터 13시까지를 나타낸다. 말은 태양이 내리쬐기 시작하는 오시가 되었을 때 휴식을 취하고 체력을 보충하기 때문이다. 이는 농경시대에는 말이 사람들에게 없어서는 안 되는 동물이었기 때문에 말을 아끼고 보호했던 옛 중국인들의 풍속과 관련이 깊다.

| 갑골문 | 금문 | 초계간백 | 설문 | 진계간독 | 해서 |

그림 7-1 馬 자형의 변천

중국에는 '길이 멀어야 말의 힘을 알 수 있고, 날이 오래 지나야 사람의 마음을 볼 수 있다'라는 뜻의 속담 '루야오즈마리, 르쥬졘

런신[路遙知馬力, 日久見人心]'이 있다. 땅이 넓은 중국에서, 말은 중국인들이 일상생활에서 직접 타고 다니거나 짐을 싣고 다녔을 뿐만 아니라 전쟁을 할 때에도 없어서는 안 되는 중요한 동물이었다. 중국어에서는 마루[馬路: 말길]가 도로를 뜻한다는 것도 오래전부터 중국에서 말이 주요 교통수단으로 쓰였다는 사실을 방증한다. 또한 그 힘과 질주 능력, 털 색 등과 관련해 말의 종류도 쥔마[駿馬: 준마], 쳰리마[千里馬: 천리마], 량마[良馬: 좋은 말], 헤이마[黑馬: 흑마] 등 다양하게 나뉘었다. 후에 천리마와 흑마는 각각 재능이 뛰어나 유능한 인재와 예측불가의 우승자를 비유하는 데 쓰이기도 하는데, 이 중 헤이마는 영어 다크호스(dark horse)에서 온 어휘임을 알 수 있다.

'말 위'라는 뜻의 마상[馬上]은 '곧, 즉시, 바로'라는 의미의 시간부사다. 말 위가 어떻게 '바로, 즉시'라는 뜻을 가지게 되었을까? 옛날 중국에 한 장군이 있었는데, 황제가 병으로 위급하다는 전갈을 말을 타고 있을 때(말 위에서) 받았기 때문에 소식을 받자마자 바로 쏜살같이 황궁으로 질주할 수 있었다고 한다. 이 이야기에서 마상이 '즉시'라는 뜻을 갖게 되었다는 것이다. 과거 말은 가장 빠른 교통수단으로 쓰여, 말 위에 타고 있다는 것은 언제든지 달릴 준비가 되어 있다는 의미였으므로 '즉시, 바로'라는 뜻이 나왔다고 볼 수 있다.

말이 이토록 필수적인 교통수단이었으므로, 그 말을 제어하는 기술이 더없이 중요했음은 말할 나위 없다. 따라서 말을 정교하게

그림 7-2 국보 207호 신라시대 유물 천마도장니(天馬圖障泥)

부리는 것은 마음을 다스리는 일에 비유되기도 했다. 『명심보감(明心寶鑑)』 「존심편(存心篇)」의 "밀실에 앉았어도 마치 트인 길거리에 앉은 것처럼 하고, 작은 마음을 제어하기를 마치 여섯 필의 말을 부리듯 하면 허물을 면할 수 있다[景行錄云 坐密室 如通衢 馭寸心 如六馬 可免過]."라는 문장이 바로 그런 의미를 가리킨다.

천리마는 타고나는가, 길러지는가

옛 학자들은 천리마를 빗대 재미있는 논의를 발전시켰다. 천리마 같은 명마는 '타고나는 것인가, 길러지는 것인가'라는 논의다.

먼저, 당나라의 한유(韓愈)가 명마를 알아보는 안목과 환경의 중요성을 강조한다.

　세상에 백락(伯樂)이 있은 다음에야 천리마가 있음을 알게 된다. 천리마는 항상 있으나 백락은 항상 있지 않기 때문에 아무리 명마가 있다 할지라도 노예들의 손에 곤욕을 치르면서 마구간 사이에서 보통 말들과 나란히 죽어갈 뿐, 천리마로 일컬어지지 못한 것이다. 천 리를 가는 말은 한 번에 혹 한 섬 곡식을 다 먹기도 하는데, 말을 먹이는 자는 그것이 천 리를 갈 수 있는 말인 줄을 알아서 먹이지 못하는지라, 이 말이 비록 천 리를 갈 능력이 있다 해도 먹은 것이 배부르지 않고 힘이 부족하여, 훌륭한 재능이 밖에 드러나지 않을 뿐만 아니라, 우선 보통의 말들과 같기만 하려고 해도 역부족이거니, 어떻게 천 리를 가기를 바랄 수 있겠는가?[*]

백락(伯樂)은 주(周)나라 때 사람으로 말을 잘 감별한 것으로 유명한데, 사흘 동안이나 시장에서 팔리지 않던 말도 그가 '한 번 둘러보고 떠나며 뒤돌아보자 하루아침에 말의 값이 열 배나 뛰었다'는 백락일고(伯樂一顧)의 고사로 유명하다. 따라서 하루에 천 리

---

[*] 『古文眞寶』下, 「雜說」: "世有伯樂然後 有千里馬 千里馬常有 而伯樂不常 有 故雖有名馬 祇辱於奴隸人之手 騈死於槽櫪之間 不以千里稱也 馬之千里者 一食或盡粟一石 食馬者 不知其能千里而食也 是馬雖有千里之能 食不飽 力不足 才美不外見 且欲與常馬等 不可得 安求其能千里也."

를 달리는 말도 백락의 안목이 없으면 아무짝에도 소용없듯이, 천리마 같은 천하의 인재를 감별하여 천거하는 백락 같은 재상이 필요하다는 것이 한유의 주장이다.

반면, 장자(莊子)는 백락의 관리는 말의 진성(眞性)을 오히려 억누르는 것이라고 주장한다.

말은 발굽으로써 서리와 눈을 밟을 수 있고 털로써는 바람이나 추위를 막을 수 있다. 또 풀을 뜯고 물을 마시며 발을 들어 뛰기도 한다. 이 것은 말의 진성으로서 비록 의대와 노침이 있어도 그에게는 아무 쓸데가 없는 것이다. 그런데 백락이 세상에 나와서 말하길 "나는 말을 잘 다룬다." 하고는 털을 불사르거나 깎기도 하고 발톱을 깎거나 지지기도 하며 또 여러 놈의 머리와 발을 한 줄에 엮어 마판에 매어놓으니 죽는 놈이 십의 이삼이나 되었다. 또 훈련을 시킨다 하여 굶주리고 목마르게 하기도 하고 달리게 하기도 하여 또 여러 가지로 다독거리고 길을 들이고 가지런히 하기도 한다. 앞에는 재갈과 치레의 귀찮은 꾸밈이 있고 뒤에는 채찍질의 무서움이 있으니 이에 죽는 놈은 거의 반이 넘었다. …… 그런데 세상 사람들은 오랜 세월을 두고 백락은 말을 잘 다루고 도장은 진흙이나 나무를 잘 다룬다고 칭찬하고 있으니, 이 또한 인의로써 천하를 잘 다스린다는 사람의 허물과 같은 것이다. 그러나 내 생각에는 천하를 잘 다스리는 사람은 그러지 않을 것이다.*

장자는 말의 천진한 본성이 오히려 백락의 인위적 조련에 의하여 그 본질을 잃는 것 아닌가 하고 문제를 제기한다. 이는 단순히 말을 기르는 법에 국한된 인식이 아니고, 사람 또한 성인(聖人)의 법식(法式), 제도(制度), 인의(仁義), 도덕관념(道德觀念)에 갇혀 오히려 본성을 잃는 것이 아닌가 하는 경계의 의미인 셈이다.

조선의 이익은 한유의 문제 제기를 이어 다음과 같이 천리마에 관한 의견을 피력한 바 있다.

한유가 말하기를 "천리마는 늘 있어도 백락은 늘 있지 않다."고 하였는데, 어떤 이는 이르기를 "천 리를 달리는 말은 시험해보면 그 뛰어난 재주가 당장 나타나므로, 이런 말이 있다면 어린아이로서도 알 수 있다."고 하니, 이는 어리석고 미련한 소견이지 어찌 안다고 할 수 있겠는가?

뛰어난 재주가 있는 말은 반드시 생긴 모습도 크고 힘도 억센 것이다. 꼴과 곡식을 배부르게 먹이지 않고, 걸음도 먼 들판에서 제대로 시험시키지 않으며, 기르는 것도 오랜 세월을 겪지 않으면 뛰어난 재주를 발휘할 수 없다. 지금 세상에 이와 같이 하는 자가 있다는 것인가? 이러므로 백락만이 천리마를 알게 된다는 것이고, 아는 자를 못 만난 파리한 천리마는 머리를 치켜들고 길이 울음만 운다는 것이다.

---

* (앞쪽)『莊子』,「馬蹄」: "馬, 蹄可以踐霜雪, 毛可以禦風寒, 齕草飮水, 翹足而陸, 此馬之眞性也. 雖有義臺路寢, 無所用之. 及至伯樂曰, 我善治馬. 燒之剔之, 刻之雒之, 連之以羈馽, 編之以皁棧, 馬之死者十二三矣. 飢之渴之, 馳之驟之, 整之齊之. 前有橛飾之患, 而後有鞭筴之威, 而馬之死者已過半矣. …… 然且世世稱之曰, 伯樂善治馬, 而陶匠善治埴木, 此亦治天下者之過也, 吾意善治天下者不然."

요즈음 어떤 친구가 파리하고 못생긴 호마(胡馬) 한 필을 보고 그것이 뛰어난 재주가 있다 하여 값을 후히 주고 사 오게 되었으나, 그는 집안이 매우 가난해서 말을 늘 굶겼다. 이 호마는 더욱 파리해져서 걸음도 제대로 못 걷고 장차 죽게 되자, 그만 잡아서 고기로 팔고 말았다. 아! 이 호마가 참으로 못생기고 쓸모가 없어서 그렇게 되었을까? 또는 그 옳은 주인을 만나지 못해서 있는 재주를 발휘하지 못했다고 할까? 또 이런 이유를 누구에게 물어보아야 할 것인가? 이는 저 말만 그런 것이 아니고 사람도 역시 마찬가지다. 이것이 바로 한유가 이른 "채찍만 잡고서 천리마가 없다고 탄식한다."는 것이다. 나도 이르기를 "지금 세상에만 어찌 천리마가 없겠느냐?"고 한다.

『주역(周易)』에, "큰 험난(險難)이 생기면 친구가 찾아온다."고 하였으니, 세상이 혹 어지럽게 되고 일에 지극히 어려운 것이 있으면 반드시 난을 극복할 만한 인재가 나게 되는 법이다.

온 세상이 깜깜해질 무렵에는 떨치고 일어나서 큰 사업을 손바닥과 다리 사이에 넣은 것처럼 여유 있게 성취시킨다. 하지만 보통 일이 없을 때에 있어서 영웅호걸이란 자를 미리 알아볼 수 있겠는가? 이는 다만 저 영웅호걸이란 자를 미리 볼 수 없을 뿐 아니라, 능히 스스로 알지도 못하고 또는 시험도 시켜보지 않는 까닭이다.*

한유가 천리마에 견주어 천하의 훌륭한 인재를 찾았다면, 이익은 난세를 구원할 영웅호걸을 천리마에 견준다. 백락이 없어 인재를 발굴하지 못함을 한탄하는 것이다.

천리마에 대한 관념적 인식과는 달리, 인간 생활에서 말은 전쟁과 운송에서 지대한 역할을 수행했던바, 양마(養馬)와 마정(馬政)은 국가 운영에서 빠질 수 없는 것이었다. 따라서 말의 사육·번식·출입 따위에 관한 행정은 중요한 사안으로, 홍만선은 『산림경제』에서 각종 문헌을 바탕으로 '양마(養馬)'에 관해 기록하기도 했다.

말과 호랑이

송나라 때 성씨가 가(賈)인 한 유명한 화가가 살았는데, 유명세를 타자 점점 교만해져서 아무렇게나 대충 그려도 걸작이 된다고 생각했다. 어느 날 이 화가가 호랑이의 머리를 막 다 그렸을 때 어떤 사람이 준마 그림 한 폭을 부탁했다. 그림을 다시 그리기가 귀찮았던 화가는 호랑이 머리에 말의 몸통을 그린 후, 마마호호(馬馬虎虎: 말과 호랑이)라고 제목을 지어 집 안에 걸어두었다. 어느날 그의 큰아들이 와서 그림에 관해 묻자 화가는 호랑이[虎]라고 말

---

* (앞쪽)『星湖僿說』권6,「萬物門 千里馬」: "韓愈云, 千里馬常有而伯樂不常有. 或謂馬之千里, 試之立見, 有則孩童可知. 此愚駭之見, 奚足以識之? 馬有駿才, 必形鉅而氣雄, 非腹飫菽粟, 蹄試曠原, 養之歲月, 不可. 今有能如是者否? 此伯樂所以有眼, 而瘦驥所以仰首長鳴也. 近有所識某遇胡駒之種瘦而劣者, 謂當有能, 乃捐價而得之, 某又貧甚, 馬恒飢益劣, 至將斃屠以賣肉. 噫, 馬眞劣而無用耶? 或遇非其主而莫之售能耶? 復何從而詰之? 此不獨物有然者也, 觀人亦同. 此韓愈所謂執策而嗟無馬者也. 余謂今世何獨無千里馬? 易曰大蹇朋來, 世或搶攘, 事有至難, 必有克亂之材生於其時. 奮乎草昧之際, 辦大業於掌股之間而裕如也. 在平常無事, 有能先覩英雄豪傑者乎? 此不但不能先覩英雄豪傑, 或不能自知未試故也."

했다. 이튿날 큰아들이 사냥하러 가서 다른 사람의 말을 보고 호랑이라고 여겨 활을 쏴 죽였고 이 일로 인해 크게 배상을 해야만 했다. 며칠 후 작은아들이 그림을 보고는 무슨 그림인지 화가에게 물었다. 지난번의 일을 교훈 삼아 이번에는 말[馬]라고 알려줬다. 이튿날 밖에 놀러갔다 호랑이를 만난 작은아들은 말인 줄 알고, 호랑이 턱에 있는 털을 잡고 올라타려다 호랑이에게 물려 죽고 말았다. 화가는 크게 상심하여 그림을 태워버렸다.[12]

이때부터 '대충대충, 대강대강'을 뜻하는 마후[馬虎] 또는 '건성건성 대충 하다'라는 뜻의 마마후후[馬馬虎虎]라는 표현이 전해진다고 한다. 馬虎에 눈을 뜻하는 眼을 더하면 속임수를 뜻하는 마후옌[馬虎眼], 동사 打를 더하면 '남을 속이다'를 뜻하는 다마후옌[打馬虎眼]이라는 표현이 된다. 어리숙한 것처럼 어물쩡 남을 속일 때 쓰인다. 또한 일처리를 대강대강 하고 세심하지 못한 사람을 마후셴성[馬虎先生: 마호선생] 또는 마다하[馬大哈: 덜렁꾼]라고 부른다.

말 궁둥이를 치며 아첨하다

현대 중국어에서는 말 궁둥이를 치는 행동이 아첨하는 것으로 해석된다. '치다'를 뜻하는 파이[拍]와 말 궁둥이를 가리키는 마피[馬屁]가 합쳐져 파이마피[拍馬屁: 아첨하다]가 되었다. 원래 원나라 때 몽골족의 문화에서 유래한 표현으로, 유목 생활을 하던 몽골

족은 준마(駿馬)를 키우는 것을 영광으로 여겼다. 말을 타고 가다 가 사람을 만나면 상대방 말의 궁둥이를 치면서 준마라고 서로 치 켜세움으로써 말 주인의 마음을 샀다고 한다. 후에 말이 좋든지 나쁘든지 간에 상대방의 환심을 사려고 다들 서로의 말을 호마 (好馬)라고 했다고 해서, 아랫사람이 윗사람의 비위를 맞추려고 아 첨하는 경우를 가리켜 파이마피[拍馬屁]라는 표현을 사용하게 되 었다. 또한 아첨을 잘하는 사람을 가리켜 마피징[馬屁精]이라고 하 는데, 여기서 징[精]은 어떤 기술이나 방법을 습득해 능숙하게 잘 하는 사람을 일컫는 접미사로, 마피징[馬屁精]이라고 하면 아첨을 능숙하게 잘하는 사람을 폄하하는 말이다.

그림 말에 소원 적기

일본 고유어로 말은 '우마(うま)'다. 몽골어 mori(n)에서 유래 한다는 설이 있지만 일본 한자음 중 하나인 오음(吳音)*의 마(ま) 가 변했다는 것이 통설이다.

일본에서 말은 신과 밀접한 관련이 있다. 신메[神馬]는 신이 타 는 말이다. 나라시대[奈良時代]부터 신사에 참배하면서 말을 바치 는 관습이 있었는데, 이 말을 신메[神馬]라고 불렀다. 일부 신사에

---

* 5~6세기에, 남북조시대의 남조에 있던 양쯔강 하류 지역의 발음이 직접, 혹은 한 반도를 거쳐서 일본으로 유입되었다고 추정되는 한자음이다.

그림 7-3 군마현 시라네 신사의 에마들

는 전용 마구간인 신메샤[神馬舍]를 별도로 두기도 한다. 이때 목적에 따라 각기 다른 털 색을 가진 말을 바쳤다고 하는데, 기우(祈雨)를 위해서는 구름을 상징하여 흑마(黑馬)를, 기청(祈晴)을 위해서는 해를 상징하여 적마(赤馬)를 바쳤다고 한다.

중세에 들어서는 무사들이 전쟁에 나가기 전에 전장에서의 무사와 안일을 기원하며 절이나 신사에 말을 바쳤고, 신분이 높지 않은 사람은 말 대신에 말을 그린 그림, 즉 에마[絵馬]를 바쳤다. 처음에는 실제 말과 크기가 비슷한 나무판자에 말을 그렸다. 그러다가 후대로 갈수록 나무판자의 크기는 작아지고 판자에 그리는 그림도 말 말고도 다양해졌는데, 아예 그림이 없는 것도 등장했다. 지금도 신사나 절에 가면 수험생의 합격이나 결혼 성취 등을 기원하는 에마[絵馬]를 많이 볼 수 있다.

말과 사슴은 바보?

일본어에서 가장 광범위하게 사용되는 비속어는 바카[馬鹿, ばか]다. 사전상으로 "어리석은 사람, 상식적이지 않은 일 혹은 사람" 등을 의미한다. 『일본국어대사전(日本国語大辞典)』에 따르면 과거에는 승려들이 사용하던 은어였으며, 산스크리트어의 moha(어리석은) 혹은 mahallaka(무지한)를 음차한 데에서 유래했다고 한다. 당시에는 莫迦(막가)라고 쓰고 바카(ばか)라고 읽었는데, 후대에 음차한 馬鹿라는 표기가 생겨 대중에게 퍼져나갔다는 것이다.

한편 馬鹿로 표기한 이유에 관해서는 『사기(史記)』 중 「진시황본기(秦始皇本紀)」에 등장하는 고사성어 '지록위마(指鹿爲馬)'에서 유래했다는 설이 있다. 조고(趙高)가 황제인 호해(胡亥)를 농락하고 자신의 권세를 휘두르기 위해 사슴을 말이라고 하는 상황을 가리키는 성어인데, 이것이 일본에 들어와 '말과 사슴도 구분 못하는 어리석은 자'라는 뜻으로 쓰였다는 것이다. 그러나 중국 고사에서 유래했다면 '바카'가 아니라 '바로쿠(バロク)'라고 읽었어야 하므로, 한자의 본래 뜻과는 상관없이 그 음(音)이나 훈(訓)을 빌려서 어떤 말을 표기하는 아테지[当て字]로 보는 설이 우세하다.

한편, 일본어 중에 '우마노호네[馬の骨]'라는 관용어가 있다. 직역하자면 '말 뼈다귀'인데, 그 어원은 쓸모없는 것을 가리키는 대표적인 표현인 계륵(鷄肋)과 마골(馬骨)에서 왔다고 한다. 닭의 갈빗대인 계륵은 너무 작아서, 말 뼈다귀인 마골은 너무 커서 처분하기 쉽지 않기에, 누구에게도 필요치 않은 골칫거리라는 의미를 갖게 되었다. 여기에서 의미가 확대되어, 우마노호네[馬の骨]는 '신분이나 출신이 확실하지 않은 사람, 근본 없는 놈'이라는 뜻으로 사용된다.

자동차 엠블럼으로 사랑받는 말

말은 동서양을 막론하고 주요 교통수단이었다. 그래서인지 엠블럼(emblem)으로 말을 사용하는 자동차가 많이 있다. 예를 들면 페라리, 포르쉐, 포드 무스탕이 그러하다. 말[horse]이 들어간 영어 속담도 많은데, 그만큼 말이 서양 사람들의 생활과 밀접하게 연관되었음을 알 수 있다.

영어 horse의 어원은 게르만어 harss에서 파생한 것으로 보인다. 고대 영어 형태는 hors이고 중세 영어 형태는 hor다. horse는 말을 일반적으로 가리키는 대표어지만, mare[암말]의 상대어인 성체 수말을 지칭하기도 한다. 영어에는 다양한 말에 관련된 세분화된 용어들이 존재한다. 예를 들면 filly[암망아지], stallion[종마], bronco[미국 서부의 야생마], foal[망아지], gelding[거세된 수말], mustang[아메리카산 작은 야생마], plug[폐마], pony[조랑말], steed[승

마용 말] 등이 있다.

horse가 들어간 대표적인 합성어에는 hobby horse, rocking horse, gift horse, Trojan horse 등이 있다. hobby horse는 막대 끝에 말머리를 달고 노는 아동용 놀이를 가리킨다. 이후에는 hobby horse에서 horse가 떨어져나가 오늘날 취미를 나타내는 hobby가 되었다. rocking horse는 아동용 장난감 말로, 흔들거리는[rocking] 지지대 위에 나무나 철재로 만든 말을 얹어놓은 것

그림 7-4 아동용 장난감 말, 흔들목마

이다. 영어 속담에 'as rare as rocking horse crap/manure/poo'가 있다. 이는 무생물인 rocking horse가 똥을 쌀 리가 없다는 의미로, '매우 드문 일'을 의미한다. gift horse는 흠이 있는 선물이나 의심스러운 선물을 의미한다. 이와 관련해 영어 속담에 'do not look a gift horse in the mouth'가 있다. 말의 나이를 알고 싶을 때는 말의 이빨을 보는 관습에서 나온 표현이다. 즉, 선물받는 말의 입 속을 보지 말라는 것은 받는 물건이나 선물에 대해 흠을 잡지 말라는 뜻이다.

말을 흉내 낸 탈것 장난감이 다양하게 발달한 이면에, 말타기와 관련된 고문 도구도 있다. 목마[wooden horse] 또는 스페인 당나귀

그림 7-5 고문도구로 쓰인 목마

[Spanish donkey]로 불리는 고문 도구는 중세에 간통한 여성에게 벌을 주는 데 사용되었으며, 미 국 남북전쟁 당시 북부군이 남 부군을 고문할 때에 사용되었다.

말은 서양 문화권에서 매우 중요하다. 그래서인지 말과 관련 된 관용어는 다른 동물에 비해 많은 편이다. 우리나라 속담 의 '소 잃고 외양간 고치다'에 해당 하는 속담으로 'closing the stable door after the horse has bolted' 가 있다. 말이 도망간 후에 마구간 문을 닫는다는 의미로, 일이 발 생한 후에 준비하느라 난리법석을 떨 때 사용된다. 사자성어로는 망양보뢰(亡羊補牢) 또는 망우보뢰(亡牛補牢)다.

한국 속담에 '될성부른 나무 떡잎부터 안다'가 있지만, 영어 속 담에는 'a ragged colt may make a good horse'가 있다. 이는 당 장은 못된 망아지 같아도 나중에는 훌륭한 말이 될 수 있다는 의미다. '죽은 자식 불알 만지기'에 해당하는 영어 관용 표현인 'beat/flog a dead horse'는 죽은 말을 때린다는 뜻으로, 이미 결 과가 명백한데도 미련을 버리지 못하고 계속 집착할 때 쓰인다. 'don't set/put the cart before the horse'는 마차를 말 앞에 두지 말라는 뜻으로, 일의 순서가 틀렸음을 지적할 때, 혹은 너무 서둘러 절차를 제대로 지키지 않음을 지적할 때 사용한다. 우리 속담 '우물가에 가서 숭늉 찾는다'와 비슷한 의미다.

말은 경마와 관련되어 경쟁의 비유로 많이 사용된다. 특히 정치권에서 선거에 참여한 후보자에 대한 비유로 많이 사용된다. 예를 들면 'a dark horse' 'a stalking horse' 'change/swap horses in the midstream' 등이 있다. dark horse는 뜻밖의 변수로 강력한 경쟁자가 될 수 있는 후보자를 의미하며, stalking horse는 허수아비 입후보자를 가리킨다. 'change/swap horses in the midstream[강 한가운데서 말을 바꾸다]'는 선거 운동 중간에 후보자를 바꾸는 것을 의미한다.

제 8 장

아낌없이 주는 희생의 대명사 · 양

양이 크면 아름답다

십이시에서 여덟 번째 시간을 나타내는 '미시(未時)'는 양의 주요 활동 시간인 13시부터 15시까지를 가리킨다. 양은 방목하여 키우는데, 이 미시에 풀을 뜯어 먹고 해가 지기 전에 집으로 돌아오기 때문이다.

그림 8-1 羊 자형의 변천

옛날 한국의 농민들에게 소가 큰 재산이었던 것처럼, 과거 중국에서는 양이 재산을 상징했다. 이와 관련된 대표적인 표현이 '양을 잃고 양우리를 고친다'는 뜻의 왕양부라오[亡羊補牢]인데, 한국 속담 '소 잃고 외양간 고친다'와 같은 의미다. 순서우쳰양[順手牽羊]이라는 표현에서 보듯이, 양을 슬쩍 가져가는 것은 타인의 물건이나 재산에 손을 대는 것과 같은 의미로 쓰였다. 또한 『열자(列子)』「설부(說符)」에는 '갈림길이 많아 양을 잃다'라는 뜻의 고사성어 다기망양(歧路亡羊)에 관한 기록이 있다.

> 양자(楊子)의 이웃이 양을 잃어버렸는데 찾지를 못하자 양자가 "왜 못 찾았소?"라고 물었다. 이웃이 "갈림길이 너무 많아서 어디로 가버렸는지 도통 모르겠소."라고 대답했다.
>
> [楊子的鄰居把羊丟了, 沒有找著. 楊子問: "為什麼沒找著?" 鄰人說: "岔路很多, 岔路上又有岔路, 不知道往哪兒去了."]

다기망양은 잃어버린 양을 통해 일이 복잡하고 자주 변해서 방향을 잃거나 길을 잘못 들었을 때를 비유적으로 이르는 표현이 되었는데, 여기서의 양은 반드시 찾아야 하는 '재산'이기도 하다.

양과 관련한 내용은 『장자』「병무(騈拇)」에도 등장한다. 장(臧)과 곡(穀) 두 사람이 양을 치다가 두 사람 모두 양을 잃은 일을 두고서 장곡망양(臧穀亡羊)이라 하는데, 세상에 좋은 일이든 나쁜 일이든 무슨 일을 하든지 결국은 본성을 해치며 허무한 것이 되고 만다는 뜻이다.

나의 양이 크게 자랐으니 마음이 몹시 기쁘다

양은 인간에게 신선한 젖과 따뜻한 털을 제공하는 데다 중요한 식량의 하나였다. '양 머리를 걸어놓고 개고기를 판다'는 뜻의 양두구육(羊頭狗肉)이라는 표현이 이를 방증하는데, 겉은 훌륭하나 속은 변변치 못한 것 혹은 그럴듯한 물건을 전시해놓고 실제로는 형편없는 물건을 파는 것을 비유하는 말이다. 본래는『안자춘추(晏子春秋)』에 나오는 우수마육(牛首馬肉), 즉 쇠머리를 놓고 말고기를 판다는 의미였는데, 후에 양두구육(羊頭狗肉)으로 바뀌어 쓰였다. 우수마육(牛首馬肉)과 관련된 고사는 다음과 같다.

전국시대 제(齊)나라의 영공(靈公)은 궁중의 모든 여자에게 남장을 시켰다. 그러자 백성들이 모두 남장을 했다. 그러자 영공은 백성들에게 "여자인데 남자 옷을 입는 자는 옷을 찢고 허리띠를 잘라버리겠다."고 하며 남장을 금지했으나 서로 바라보면서 그치지를 않았다. 영공은 재상인 안자(晏子)에게 물었다. "과인이 관원을 시켜 여자들의 남장을 금지시키고 옷을 찢고 허리띠를 자르는데도 서로 바라만 보면서 그치지 않는 것은 무엇 때문이오?" 안자가 대답했다. "왕께서는 궁중의 여자들에게는 남장을 하라고 하시면서 백성들에게만 하지 말라고 하십니다. 그것은 마치 쇠머리를 문에 걸어놓고 안에서는 말고기를 파는 것과 같은 일입니다. 궁중에서도 남장을 못 하게 하시면 백성들 사이에서도 감히 못 할 것입니다." 영공은 옳다고 하며 궁중에서도 남장을 하면 안 된다는 명을 내렸다. 한 달여가 지나자 아무도 남장을 하지 않았다.*

양은 인간이 기르는 가축의 하나로, 신선한 젖과 따뜻한 털을 제공한다. 따라서 비록 지금의 신세는 보잘것없어도 양이 잘 자라고 있다면 미래를 기약할 수 있다. 조선시대 이행(李荇, 1478~1534)은 '양을 치다[牧羊]'(『容齋集』권6)라는 시에서 이런 희망을 표현했다.

내가 나의 양치기를	我牧我羊
저 산의 남쪽에서 하노니	于彼山陽
저 산의 남쪽에는	彼山之陽
풀이 몹시도 푸르지	有草蒼蒼
봄비는 세차게 퍼붓고	春雨其滂
가을바람 서늘히 부느니	秋風以涼
봄부터 가을이 오기까지	自春迄秋
나는 굶주려도 건량이 없고	我飢無餱
나는 추워도 갖옷이 없지만	我寒無裘
나의 양 이미 크게 자랐으니	我羊旣碩
나의 마음은 몹시도 기뻐라	我心孔懌

---

* 『晏子春秋』권6, 「內篇 雜下」.

내가 나의 숫양치기를	我牧我羝
저 시내 서쪽에서 하노니	于彼澗西
저 시내 서쪽에는	彼澗之西
풀이 무성히 우거졌지	有草萋萋
가을 해는 처량하고	秋日其悽
봄 그늘은 처연하느니	春陰以凄
가을부터 봄이 오기까지	自秋徂春
내가 밖에 나가도 누굴 이웃할꼬	我出誰隣
내가 집에 들어와도 누굴 친할꼬	我入誰親
내 숫양이 새끼를 낳으면	我羝其乳
나의 마음 그제야 치유되리	我心則瘉

이행은 건량이 없어 굶주리고 갖옷이 없어 추위에 떨며 밖으로 나가거나 집으로 들어와도 함께할 사람조차 없다. 그의 불우한 신세와 달리, 양은 무럭무럭 자라서 새끼를 낳을 정도로 성숙했다. 양치기의 고생과 외로움, 보람이 함께 느껴진다.

몽골의 양, 반양

1780년, 청나라 건륭제(乾隆帝)의 칠순을 축하하는 사절단의 일원으로 열하(熱河, 현재 지명 청더[承德])를 방문한 박지원은 '반양(盤羊)'이라 불리는 몽골의 낯선 동물을 목격한다. 익히 알고 있던

그림 8-2 몽골 울란바토르 국립역사박물관 앞의 산양(반양) 동상

양과는 그 생김새가 달라 몽골에서 건륭제에게 진상한 것으로, 건륭제가 다시 반선(班禪: 라마교의 지도자)에게 공양한 동물이었다.

　반양은 사슴의 몸에 가는 꼬리가 있으며 두 뿔이 구부러졌고, 또 등에는 겹친 무늬가 있었다. 밤이면 뿔을 나뭇가지에 걸고 자서 다른 짐승의 침범을 예방한다. 그 모양은 마치 노새처럼 생겼으며, 더운 날씨에 떼를 지어 다니므로 티끌과 이슬이 서로 엉기어 뿔 위에 풀이 나곤 한다. 혹은 그를 영양(羚羊)이라 하고, 또는 원양(羱羊)이라 부른다. 『설문』에는, "영양은 커다란 양(羊)에 가는 뿔이 돋친 놈이다." 하였고, 육전(陸佃)의 『비아(埤雅)』에는, "원양은 마치 오(吳)의 양과 같이 생겼으면서도 커다랗다." 하였다. 이제 만수절(萬壽節)을 맞이하여 몽고에서 이를 황제께 드려서 반선에게 공양한 것이다.*

아낌없이 주는 양

중국에서 양은 어디서나 흔히 볼 수 있는 최고의 음식 재료다. 양두구육(羊頭狗肉)이라는 말이 생긴 것은, 그만큼 중국인들에게 양이 훌륭한 식재료로 인정받았다는 방증이겠다. 실제로 지금도 양은 중국에서 매우 친숙한 요리 재료로 쓰인다. 양고기로 만든 음식 중 양러우촨[羊肉串: 양꼬치]은 한국인에게도 익숙하다. 전갈을 연상시키는 양의 등뼈로 만들었다 해서 양셰쯔[羊蝎子: 양전갈]라는 이름이 붙은 음식 또한 별미다. 양의 내장도 식재료로 쓰이는데, 양의 다양한 내장 부위로 만든 요리 '양자[羊雜]'를 들 수 있다. 여기서 자[雜]는 잡다한 것을 이르며, 자탕[雜湯]이라고 하면 내장을 이것저것 섞어서 탕으로 끓인 요리를 말한다.

맛도 좋고 영양가도 높은 양고기는 겨울철 일등 보양식으로 꼽힌다. 겨울에 양탕[羊湯]을 자주 먹으면 병원 갈 일이 없다고 해서 '겨울에 양고기탕을 자주 먹으면, 의사한테 약처방 받을 일이 없다'는 뜻의 '둥톈창허양러우탕, 부자오이성카이야오팡[冬天常喝

---

* 『熱河日記』, 「口外異聞」, '盤羊': "盤羊, 鹿身細尾, 兩角盤, 背上有蹙文. 夜則懸角木上以防患. 狀若騾, 群行, 暑天塵露相團, 角上生草. 或曰羱羊, 或曰羱羊. 『說文』羱大羊而細角, 陸佃『埤雅』, 羱羊, 似吳羊而大. 今萬壽節, 蒙古來獻, 皇帝以供班禪."

羊肉湯, 不找醫生開藥方]'이라는 표현이 있다. 한국인들이 이열치열 (以熱治熱)로 더위를 이기듯이 중국에서도 한여름 복날에 몸보신 으로 양탕을 먹는다. 즉, 몸을 따뜻하게 하는 양고기와 푹 우려낸 국물로 무더위를 이기는 것이다. 푸톈[伏天: 복날]에 먹는 양을 푸 양[伏羊]이라고 하며 '푸양이완탕, 부용이성카이야오팡[伏羊一碗湯, 不用醫生開藥方: 복날에 먹는 양탕 한 그릇이면, 의사한테 약처방 받을 일이 없다]'이라는 표현도 있다.

이처럼 옛날부터 중국인은 양을 식품으로 여겼고, 크고 살이 토실토실 오른 양은 그 맛이 으뜸이었기에 '양 양(羊)'과 '클 대(大)' 가 결합해 우리가 잘 아는 '아름다울 미(美)' 자가 탄생했다. 메이 [美]의 원래 뜻은 '맛이 아름답다'이다.

백제에서 일본으로 양을 보내다

일본인에게 양은 그리 친숙한 동물이 아니었다. 십이지 동물 중 관련 속담이나 관용구가 가장 적은 동물이기도 하다. 문헌상 최 초 등장은 일본 고대 역사서인 『니혼쇼키[日本書紀]』에 나온다. 599년 백제에서 낙타 한 마리, 나귀 한 마리, 양 두 마리, 흰 꿩 한 마리를 보냈다는 기록이다. 그 밖의 양의 존재 및 사육 기록은 거 의 찾아볼 수 없다. 가축으로서 본격적으로 사육하게 된 것은 근 대에 이르러 양모의 소비가 급격히 증가하면서부터다. 그런 연유 로 일본에는 본래 양을 가리키는 고유어가 없었다.

십이시에서 양을 뜻하는 미시(未時)는 오후 1시부터 3시까지다. 에도시대 간행된 사전인 『와쿤노시오리(和訓栞)』에 따르면, 일본에서는 하루 중 해가 가장 높이 떠 있는 시간을 히쓰지(日辻)라고 불렀는데, 이 시간대가 미시에 해당하므로 양을 '히쓰지'라 부르게 되었다고 한다. 염소를 뜻하는 산양(山羊)은 일본어로 야기(や ぎ)다. 한국어 '양'에서 왔다는 설이 유력하다.

성경에서 가장 많이 등장하는 동물은 바로 양

서양에서 양에 관한 기록은 인간의 역사와 함께한다. 양은 겁 많고 온순하고 순종적인 성질을 상징한다. 'as gentle as a lamb' 'as innocent as a lamb' 'as meek as a lamb' 등의 표현에서 알 수 있듯이, 서양에서 양은 온화하고 순수하고 유순한 이미지를 갖고 있다. 양은 도살장에 끌려가더라도 불평하지 않고 조용히 따라간다[like lambs to the slaughter]. 그러나 검은 양[black sheep]은 반항적이고 미움받는 짓을 골라 하는 집안의 골칫거리를 비유할 때 사용된다. 이처럼 온순하고 겁 많은 양은 흔히 늑대와 대비된다. 'a wolf in sheep's clothing', 즉 양의 탈을 쓴 늑대는 선량한 척하는 나쁜 사람을 의미한다.

양의 순종적인 습성을 잘 드러내는 관용어로 'if a sheep leaps over the ditch, all the rest will follow'가 있다. 이 표현은 개개인의 행동이 나머지 무리에 끼치는 영향력을 강조한 것인데, 맥락에 따라 긍정적으로도 부정적으로도 해석될 수 있다. 필요하지만 위험한 일을 먼저 하고 나머지 사람들이 이를 본받아 따라 한다면 긍정적인 의미가 되고, 어떤 무리가 무비판적으로 우두머리를 따라 한다면 부정적인 의미로 사용될 수 있다. 양[sheep]이나 어린 양[lamb]을 훔치는 사람은 교수형을 당했는데, 이와 관련한 관용 표현이 있다. 'might as well be hanged for a sheep as a lamb'은 lamb을 훔쳐도 죽고 sheep을 훔쳐도 죽는다면, 차라리 값이 더 나가는 sheep을 훔치겠다는 의미다. 이 영어 문구는 우리가 '기왕 이렇게 된 것 이판사판(理判事判)이다'라고 표현할 때와 유사한 맥락에서 사용될 수 있다.

기독교 성경에서 양은 500번 이상 언급되며, 하나님의 어린 양은 예수를 상징한다. 예수를 따르는 믿음의 무리도 양에 비유되며, 예수는 목자(牧者)로서 길 잃은 양[lost sheep]으로 비유되는 사람들을 인도한다. 이스라엘에서 양털과 양젖, 양고기는 옷과 식량으로 활용되었으므로, 양은 생계에 없어서는 안 되는 동물이었다. 이렇게 가장 귀중한 동물이기에 이스라엘인들은 하나님께 양을 희생 제물로 바쳤다.

영어에 sacrificial lamb[희생양]이라는 표현이 있다. 이것은 아브라함이 아들 이삭 대신 양을 희생 제물로 바쳤던 제식에서 유래한다. 오늘날 'a sacrificial lamb'은 다른 사람의 이익이나 목적을 위해 자발적으로 자신의 목숨, 재산, 명예, 이익을 버리는 사람을 비유적으로 이르는 말로 광범위하게 사용된다. scapegoat도 우리

그림 8-3 얀 반 에이크(Jan van Eyck)의
겐트 제단화(부분)

말에서 희생양으로 번역된다. 그러나 sacrificial lamb과 다른 맥락에서 사용된다. scapegoat는 정치에서 정부가 가상의 적을 설정하여 국민의 불만을 다른 곳으로 돌려 증오나 반감을 해소시키는 정책을 쓸 때처럼, 희생자가 원하지 않은 상황에서 부당한 대우를 받아 희생을 당하는 맥락에서 사용된다.

sheep은 원래 털, 고기, 젖을 얻기 위해 키우는 가축을 가리키는 영어 단어 sceap에서 유래했다. 이 단어는 또한 고대 노르웨이어인 skaði와 네덜란드어인 schaap과 관련이 있다. sheep의 인도유럽 조어(祖語)의 어근은 'skē-'로, 양털을 깎는 것[to cut, to split]을 의미한다. 이는 또한 가위[scissor]의 어근이기도 하다. sheep은 단수와 복수가 같은 형태를 가지고 있는데, 이것은 고대 영어 sceap의 단복수 형태가 같은 것과 유사하다.

sheep은 양의 대표어다. 이를 세분화하면 lamb은 한 살 이하의 어린 양을, ewe는 암양을, ram은 숫양을 가리킨다. 흔히 양고기는 mutton으로 불리지만 lamb이 양고기를 가리키기도 한다.

제 9 장

부귀와 성공의 상징 · 원숭이

원성(猿猩)이 원숭이가 되다

'원숭이'라는 말은 꼬리 있는 원숭이와 꼬리 없는 유인원을 함께 부르는 한자어 '원성(猿猩)'이 순우리말화된 것이다. 원숭이를 '잔나비'라고 부르기도 한다. 원숭이를 옛말로 '납'이라고 불렀던 데에서 어원을 찾을 수 있고, '잔망하다'는 뜻의 접두어 '잔'이 앞에 붙어 '잔나비'로 불렀던 듯하다. 원숭이들은 인간과 같이 뒷발로 서서 직립할 수 있기 때문에 앞발은 다른 일을 수행할 수 있을 만큼 자유스러우며, 앞발과 뒷발은 물체를 잡기에 적합하고, 발가락의 수도 각각 5개다. 큰 뇌, 발의 자유로움과 잘 발달된 시력 덕분에 원숭이는 활동의 범위가 상당히 넓으며, 행동은 인간과 매우 유사하다. 또한 원숭이들은 유럽과 오세아니아를 제외한 각 대륙의 열대 숲이나 사바나에서 서식한다.

십이시에서 아홉 번째 시간을 가리키는 '신시(申時)'는 원숭이의 주요 활동 시간인 15시부터 17시까지를 나타낸다. 집단생활을 하는 원숭이들은 신시가 되면 태양이 지기 전에 가족들을 불러 같이 배를 채우기 때문이다.

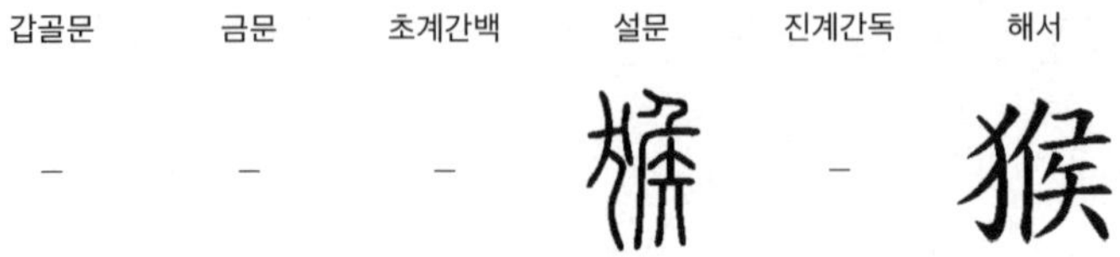

갑골문	금문	초계간백	설문	진계간독	해서
–	–	–	猴	–	猴

그림 9-1 猴 자형의 변천

猴는 상형문자가 아니며, 개사슴록변[犭]에 '제후 후(侯)'가 결합한 형성자다. 따라서 갑골문이나 금문 등에서는 보이지 않고, 소전체(설문)에서부터 보인다.

원숭이도 고향을 그리워한다

원숭이는 아프리카, 아시아, 아메리카의 열대 숲이나 사바나에서 서식하기 때문에 한반도에서는 원숭이를 구경하기조차 어렵다. 따라서 조선 사람들은 대부분 원숭이가 서식하는 일본을 통해 원숭이를 목격했다. 일찍이 김종직(金宗直, 1431~1492)은 1467년 일본에서 바친 원숭이를 구경하고 「후자(猿子)」(『佔畢齋集』 권4)라는 시에서 다음과 같이 묘사했다.

팔의 길이는 장정의 팔과 같고	通如健兒臂
주름살은 늙은 중의 얼굴이라	皺却老僧顔

몸은 이미 대궐에 깃들었는데	身已棲淸禁
넋은 아직도 고향에 가 있네	魂猶落故山
어미 창자는 응당 끊어질 텐데	母腸應自斷
배에 싣고 부질없이 데려왔구려	海舶謾空還
포도나무 아래서 달을 부르짖으며	叫月葡萄下
어렴풋이 옥고리를 희롱하네	依俙弄玉環

　원숭이는 장정처럼 팔이 길고 늙은 중인 양 주름진 얼굴을 가져 사람과 다를 바 없다. 더욱이 화려한 구중궁궐에서 몸은 편안하지만 마음은 여전히 고향을 잊지 못해 달빛에 울부짖는다. 원숭이는 신체적 특징뿐 아니라 고향을 그리워하는 마음까지도 사람과 매우 유사하다. 고향을 떠나 객지로 온 원숭이의 신체적 특징뿐 아니라 고향을 그리워하는 마음까지 대변한다.

　한편 신유(申濡, 1619~1680)는 1643년 통신사(通信使)의 종사관으로 일본에 다녀와서 『해사록(海槎錄)』을 남겼는데, 특히 원숭이가 서식하는 곳을 「후산(猿山)」(『海槎錄』)이라는 시에서 다음과 같이 묘사했다.

산협 사이 맑은 강에 석양이 비꼈는데	峽裏淸江帶落暉
구슬픈 원숭이 울음이 지나는 배를 전송하네	哀猿啼送暮帆歸
외로운 배에 타고 있는 타향 나그네들	孤舟盡是他鄕客
세 번 울기도 전에 눈물이 옷을 적시네	未到三聲淚滿衣

원숭이와 조삼모사

원숭이와 관련한 고사성어로 조삼모사(朝三暮四)가 유명하다. 원숭이에게 도토리를 '아침에 3개, 저녁에 4개'를 준다니까 싫어하고 '아침에 4개, 저녁에 3개'를 준다니 기뻐했다는 이야기다. 조삼모사는 '간사한 꾀로 남을 속인다'는 뜻으로, 『장자』 「제물론(齊物論)」에 등장한다.

저공(狙公)이 도토리를 원숭이들에게 나누어주면서, "아침에 세 개, 저녁에 네 개 주겠다."고 하자 원숭이들이 모두 성을 냈다. 그래서 다시, "그렇다면 아침에 네 개, 저녁에 세 개 주겠다."고 하자, 원숭이들이 모두 기뻐하였다고 한다. 하루에 일곱 개라는 명(名)과 실(實)이 아무런 변화가 없는데도 기뻐하고 노여워하는 마음이 작용하였으니, 또한 절대의 시(是)를 따라야 할 것이다.

[狙公賦芧曰, 朝三而暮四, 衆狙皆怒. 曰, 然則朝四而暮三, 衆狙皆悅. 名實未虧, 而喜怒爲用, 亦因是也.]

조삼모사의 고사성어 때문인지, 원숭이는 어리석은 사람을 빗대는 비유로 자주 등장한다. '의관은 갖추었으나 사람답지 못한 사람'을 비유하는 목후이관(沐猴而冠)이라는 고사성어도 그러하다. 그런데 이 성어를 '원숭이를 목욕시키고 관을 씌운다'고 잘못 풀이하는 사람이 많았던 듯하다. 이익은 『성호사설(星湖僿說)』에서 목

후(沐猴)가 '원숭이를 목욕시키다'가 아니라 '원숭이' 자체를 가리
킨다는 사실을 상세하게 고증한다.

　목후(沐猴)란 것은 모후(母猴)이다. 상고하건대,『이아익』에, "모(母)·목
(沐)은 음(音)의 전(轉)이다." 하였고, 손염(孫炎)은 "노(猱)는 바로 모후
(母猴)이다." 하였고,『모시초목경(毛詩草木經)』에, "노(猱)는 미후(獼猴)
이다. 초(楚) 나라 사람은 무후라고 이른다." 하였으니, 여기에는 과연 모
후(母猴)를 목후로 삼았다. 그리고『한비자』를 의거해도, 극자(棘刺)·목
후(沐猴)의 목후를 곧장 모후로 만들었으니, 그 의(義)를 더욱 믿을 수
있는 것이다.

　지금 사람들은 이것을 잘못 보고서 마침내 목후이관(沐猴而冠)이라
는 문자를 들어 목욕한 원숭이로 삼으니 너무도 가소로운 일이다.『한서
(漢書)』「서역전(西域傳)」에는, "담빈국(罽賓國)에서 대구목후(大狗沐猴)
의 등속이 난다." 하였고, 또 장신소부(長信少府) 단장경(檀長卿)이, "목후
가 개와 더불어 싸운다." 하였으니, 이런 유를 어찌 다 목욕의 글자로만
볼 수 있겠는가?*

* 『星湖僿說』,「詩文門」, '沐猴': "沐猴者, 母猴也. 按『爾雅翼』云, 母沐音之轉耳. 孫
炎云, 猱母猴也.『毛詩草木經』云, 猱獼猴也, 楚人謂之沐猴. 此果以母猴為沐猴, 而
據『韓非子』, 棘刺沐猴, 直作母猴, 其義尤可信. 今人錯看, 乃以沐猴而冠者, 為沐浴之
猴, 甚可笑.『漢書』「西域傳」, 罽賓國出大狗沐猴之屬, 又長信少府檀長卿, 為沐猴與
狗鬪, 此類何可皆作沐浴字看耶?"

제후를 나타내는 원숭이

조삼모사의 고사 때문에 원숭이가 어리석은 존재처럼 느껴지지만, 중국에서 원숭이는 부귀와 성공의 상징이다. 거기에는 발음의 비밀이 숨어 있다.

『설문해자』에 "獿也. 從犬, 矦聲."라고 했는데, 풀이하면 '원숭이 노(獿)다. 개 견(犬)을 따르고, 矦가 소리다'가 된다. 소리를 나타내는 '임금 후(矦)'가 원숭이를 뜻하는 허우[猴]와 발음이 같기 때문에, 원숭이는 임금이나 제후처럼 높은 관직을 뜻하기도 한다. 이렇게 발음이 같거나 유사한 글자를 가지고 본래의 한자를 대신해 재밌게 표현하는 수사(修辭) 기법을 '해음(諧音)'이라고 한다. 대표적인 해음 중 하나가 길상(吉祥)의 의미로 사용하는 '마상펑허우[馬上封侯: 곧 제후로 봉하다]'라는 표현인데, 이는 출세하고 싶은 사람들의 마음을 비유적으로 나타낸다.

중국에는 말 위[馬上]에 원숭이가 타고 있는 그림이나 조각 등의 작품이 있다. 이러한 표현들은 비단 마상펑허우[馬上封侯]뿐만 아니라 '꿀벌, 원숭이, 사슴이 함께 있으면 관운이 형통한다'라는 뜻의 이루펑허우[一路封侯], '제후에 봉하고 재상에 임명되다'라는 뜻의 펑허우바이샹[封侯拜相], '큰 원숭이, 작은 원숭이가 자손대대 제후 관직에 봉해지는 것을 바라다'라는 뜻의 베이베이펑허우[輩輩封侯] 등에서도 볼 수 있다.

원(猿) 자도 원숭이를 뜻하는데 원(元)과 발음이 같다(유안[yuán]

이라고 발음한다). 따라서 원숭이를 통해 과거시험에서 일등을 한 장원(狀元)을 나타내, 어떤 분야의 제1인자를 상징하기도 한다. 앞서 살펴본 것처럼, 중국인들은 원숭이를 통해 부귀와 성공을 바라는 마음을 나타냈기 때문에 원숭이는 좋은 징조를 나타내는 동물로 여겨졌다.

재간둥이 원숭이에서 부정적인 의미로 추락한 원숭이

또한 원숭이는 총명하고 민첩한 동물을 대표한다. 한국인에게도 너무나 익숙한 중국 명대 오승은(吳承恩)의 소설 「서유기(西遊記)」는 원숭이인 손오공의 활약을 그리고 있다. 당나라의 승려 삼장법사(三藏法師)가 태종(太宗)의 명을 받아 불경을 가지러 서역으로 가는 길에 제자 손오공(孫悟空), 저팔계(豬八戒), 사오정(沙悟淨)을 만나고, 그들과 함께 '여든한 가지의 어려움[八十一難]'을 거친 끝에 마침내 불경을 가지고 돌아온다는 이야기다.[13]

허우[猴: 원숭이]는 재주가 많고 귀여움의 대명사로, 현대 중국에서는 생기발랄한 어린아이들을 가리킬 때 허우하이쯔[猴孩子: 원숭이 아이]라고 한다. 원숭이 새끼가 아니라 귀엽고 장난기 많은 어린아이를 가리킨다는 점에 주의하자. 비슷한 표현으로 허우와[猴娃: 원숭이 아기, 인형] 또는 허우바오바오[猴寶寶: 원숭이 베이비]라고도 하는데, 여기서 허우와[猴娃]는 원숭이 인형처럼 귀여운 아기를, 허우바오바오[猴寶寶]는 새끼 원숭이처럼 귀엽고 장난기 많은 아기를 가리킨다.

그런데 이 재간둥이 원숭이의 이미지를 한순간에 부정적인 이미지로 추락시켜, 원숭이들 입장에서는 억울할 법한 어휘들도 있다. '사람을 원숭이로 취급하며 놀려 희롱의 대상으로 삼다'는 뜻의 당허우솨[當猴耍], '희롱하다, 놀리다'라는 뜻의 솨허우시[耍猴戲] 같은 표현이다. 허우시[猴戲]는 원숭이를 훈련시켜서 공연하는 서커스를 말하는데, 후에 사람을 희롱하거나 웃음거리가 되는 상황에 놓일 때 책망하며 놀리지 말라고 할 때 쓰인다. "베솨허우얼러, 야오정징뎬[別耍猴兒了, 要正經點: 그만 좀 장난치고, 진지하게 임하세요].'라는 식이다.

또한 '모르는 척하다'라는 뜻의 판옌[反眼]이 猴와 함께 쓰여, 갑자기 돌변해 원래 알던 사람을 모르는 척하는 사람을 뜻하는 판옌허우[反眼猴]가 되었다.

한국의 '개 발에 편자'는 일본에서 '원숭이에 관모'

십이지 동물 중에서 원숭이는 어느 동물보다도 일본인에게 친숙하다. 일본의 고유어로 원숭이는 사루[猿]인데 그 어원에 관해서는 다양한 설이 있다. 그중에서 유력한 것은 동물 중에서 지혜가 뛰어나기 때문에 '뛰어나다'라는 뜻의 '마사루[勝る]'에서 유래했다는 설이다. 과거에는 원숭이를 속칭으로 '에테코[エテ公]''에테기치[エテ吉]' 등으로 불렀다. 원숭이를 가리키는 사루(さる)는

'죽다' 혹은 '사라지다'를 의미하는 동음이의어 '사루[去る]'를 연상시켰기에, 이를 기피하기 위해서 반대 개념인 '에테[得手: 손에 얻다 혹은 가장 능한 재주]'라고 부른 것이다.

일본인들에게 원숭이는 친근한 동물이지만, 원숭이가 들어간 관용구 중에는 다소 부정적인 의미를 내포하는 것도 있다. 얕은 꾀를 의미하는 사루지에[猿知恵]와 사루리코[猿利口], 서툰 연기를 의미하는 사루시바이[猿芝居]가 대표적이다. 이리저리 머리를 쓰지만 어딘가 부족한 사람을 원숭이에 빗댄 표현이다. 또한 속담 중에 '사루노 시리와라이[猿の尻笑い]'가 있다. 해석하면 '원숭이가 다른 원숭이의 엉덩이를 보고 웃는다'인데, 제 허물은 접어두고 남의 허물을 비웃는 것을 비유하는 표현이다. 한국 속담의 '똥 묻은 개 겨 묻은 개 나무란다'와 통한다. '사루니 에보시[猿に烏帽子: 원숭이에 관모]'라는 속담도 있다. 에보시[烏帽子]는 과거 일본의 관리들이 쓰던 관모인데, 원숭이가 이를 쓰고 있는 것이니 격에 맞지 않는 복장이나 언행을 비유할 때 쓰이는 속담이다. 한국 속담의 '개 발에 편자'와 통한다. 한국의 속담에서 주로 개에 비유하는 것을 일본에서는 원숭이로 비유하는 것을 종종 찾아볼 수 있어 일본인의 원숭이에 대한 친근함을 엿볼 수 있다.

일본에서 가장 유명한 원숭이 세 마리, 닛코의 산자루[三猿]

일본에는 유명한 원숭이 세 마리가 있다. 일본을 통일하고 에도

그림 9-2 닛코 도쇼궁의 세 마리 원숭이 상

시대를 연 도쿠가와 이에야스[德川家康]의 시신이 안치된 일본 도치기현 닛코[日光]의 도쇼궁[東照宮]에 있는 세 마리 원숭이 상으로, 손으로 각각 눈과 귀, 입을 가리고 있다.

이곳에는 목각 원숭이가 8마리 걸려 있는데, 원숭이의 일생에 빗대어 인간이 평온한 일생을 보내기 위한 지침을 풀어내고 있다. 그중 가장 유명한 산자루[三猿]는 유소년기를 의미한다. 세 마리의 원숭이라 하여 산자루[三猿]이지만, 듣지 말고[기카자루聞かざる], 말하지 말고[이와자루言わざる], 보지 말라[미자루見ざる]는 의미의 산자루[三ざる]이기도 하다. 물심이 생기는 유소년기에 나쁜 것을 듣지도 보지도 말하지 말하는 가르침을 의미한다.

이 '산자루'가 걸려 있는 곳은 도쇼궁 내 신큐사[神厩舍]라는 곳인데, 신이 타는 말이 머무는 마구간이다. 원숭이는 예로부터 말

　　　　　　　　　　　　　　　　제9장 | 원숭이

의 병을 치료하거나 말을 보살핀다고 알려진, 이른바 말의 수호신으로 여겨졌기에 마구간에 원숭이 조각을 새겨놓은 것이다. 과거 농가의 마구간에는 '申'이라고 적힌 종이를 붙여놓기도 했고 에도시대 무사들 중에는 원숭이를 집에서 키우는 경우가 많았다. 말과 원숭이의 이 같은 관계를 잘 말해주는 속담이 있는데 바로 '사루니 에마[猿に絵馬]'다. 에마[絵馬]는 실제 말 대신에 신사(神社)나 절에 바치는 말 그림을 말하므로(7장 참고), 말과 원숭이의 관계처럼 잘 어울리는 것, 혹은 배합이 좋은 것을 비유하는 표현이다.

영어 단어 monkey의 어원은?

영어 단어 monkey가 유럽에 유입된 것은 16세기경으로 추측된다. 1500년대 money의 어형으로 monkaie, munckey, munkai, munkeie, minkkey 등이 있다. monkey의 어원은 불확실하지만 두 가지 가설이 있다. 하나는 monk(수도승)의 파생어라는 설이고, 다른 하나는 중세 저지대 독일어 moneke에서 파생되었다는 설이다. 전자의 설은 수도승의 갈색 옷이 원숭이와 비슷한 것에서 유래한다. 그래서인지 중세와 근대 초기 예술 작품에서 수도승이 때로 원숭이로 풍자되기도 했다. 다른 설은 1580년경 독일에서 출판된 『레이나드 여우 우화(Reynard the Fox)』에서 유래했다는 가설이다. 이 버전의 우화*에 등장하는 원숭이 마르틴(Martine)의 아들 이름이 모네케(Moneke)였다.

원숭이를 가리키는 유럽 최초의 기록은 그리스 단어 πίθηκος로, 현대 그리스어에서도 이 동물을 지칭하는 데 사용된다. 라틴어 simia는 유인원과 원숭이를 포함하는 다양한 종류의 영장류를 가리킨다.

monkey는 장난, 재미, 유머, 속임수, 모방, 바보, 어리석음 등과 관련된다. 예를 들면, 'you monkey!'는 '이 장난꾸러기야!'라는 뜻이며, 'don't monkey around with me'는 '나를 가지고 장난치지 마라', 'monkey business'는 어리석은 짓거리, 'monkey see, monkey do'는 생각 없이 다른 사람이 하는 그대로 모방하는 것, 'monkey talk'는 이해할 수 없는 말을 의미한다. 'A monkey knows what tree to climb'는 원숭이도 아는데 전문가가 모를 리가 없다는 뜻으로, 한 분야의 전문가는 무엇을 해야 하고 무엇을 피해야 하는지 알아야 한다는 의미다. 전문가도 실수할 때가 있다는 의미로 우리는 '원숭이도 나무에서 떨어질 때가 있다'라는 속담을 쓴다. 이와 유사한 영어 속담은 호메로스 같은 대작가도 실수할 때가 있다는 의미로 'even Homers sometimes nods'다.

monkey는 속어로 영국에서 500파운드를 가리키기도 한다. 19세기에 인도의 500루피 지폐에 원숭이가 그려져 있었기에

---

* (앞쪽) 중세 유럽 각 지역에서 창작되고 번역되고 새로 쓰인 우화로, 주인공인 여우 레이나드를 비롯해, 의인화된 동물들이 등장한다. 시대와 지역별로 다양한 버전이 있으며, 각각 당대의 사회를 반영한다.

그림 9-3 인도네시아 500루피아 화폐의 원숭이

당시 인도에서 근무한 영국 군인들은 인도의 500루피 지폐를 'monkey'라고 불렀다. 이들이 영국으로 복귀한 뒤 영국의 500파운드짜리 화폐도 monkey라고 부르게 되었다고 알려져 있다. 인도에서 원숭이는 신성시된다. 인도의 하누만(Hanuman)은 힌두교 서사시인 「라마야나(Ramayana)」의 대표적인 인물이다. 사람의 몸, 원숭이 얼굴, 긴 꼬리를 가진 남자로 묘사되는데, 위용, 힘, 충성심을 상징한다. 원숭이는 인도를 비롯해 인도네시아, 르완다, 마다가스카라, 스리랑카, 싱가포르, 브라질 등 여러 나라의 화폐에 등장한 적이 있다.

영어에서 '몹시 춥다'는 의미로 'brass-monkey weather[청동 원숭이 날씨]'라는 표현이 쓰인다. 이 관용 표현의 정확한 어원은 알수 없지만 청동 원숭이의 ball을 얼릴 만큼 매우 춥다는 뜻의 'cold enough to freeze the balls off a brass monkey'에서 유래한 것으로

그림 9-4 오스트레일리아 퀸즈랜드 스탠소프 지역의 청동 원숭이 상

보인다. 17세기 대항해시대에 포탄[cannonball]을 적재하는 데 사용되는 금속 받침대를 brass monkey라고 불렀다. 이 금속판, 즉 brass monkey가 수축하여 그 위에 쌓아둔 포탄이 떨어질 정도로 날씨가 매우 춥다는 의미다. 이 표현의 ball은 처음에는 포탄을 뜻했을지 모르지만, 일부에서는 이를 원숭이의 신체 부위인 고환으로 해석하기도 한다. 그러나 이에 대한 확실한 원천은 알려져 있지 않다.

　원숭이는 그리스 신화에서 주요 신을 상징하는 동물은 아니지만, 그리스 신화에는 원숭이로 추측되는 동물인 케르코피테쿠스(Cercopithecus)가 등장한다. 이 단어는 kerkos[꼬리, tail]와 pithekos[유인원, ape]의 결합으로 보인다. 이 동물은 장난을 많이 치고 물건을 훔치는 행동을 하는 것으로 알려져 있다. 이 단어와 형태는 유사하지만 유인원이 아니고 인간의 모습을 한, 거짓말쟁이이자 사기꾼으로 유명한 케르코페스 형제[Cercopes]가 있다. 이들은 숲을 지나가는 여행객을 골탕 먹이는 소인 또는 요정으로 묘사된다. 어느 날 이들이 헤라클레스의 무기를 훔치자 화가 난 헤라클레스는 이들을 붙잡아 얼굴을 아래로 향하게 한 채 기둥에 묶어두었다. 케르코페스 형제와 관련된 다른 설에 따르면, 이들이 여행객에게서 음식과 물건을 훔쳐 문제를 일으키자 화가 난 제우스가 이들을 원숭이로 바꿨다고 한다. 이들은 원숭이로 변한 후에는 말을 할 수 없게 되었지만 여전히 원숭이 모습을 하고 시골 길을 떠돌며 장난을 치고 말썽을 피웠다고 한다.

1911년판 『브리태니커백과사전』에 따르면, ape는 원숭이의 동의어로 사용되거나 꼬리가 없는 인간과 같은 영장류를 가리킨다. 엄밀히 말하면, 꼬리가 있는 monkey와 꼬리가 없는 ape는 종류가 다르다. 그러나 현대의 일상 대화에서 monkey와 ape는 엄밀한 구분 없이 사용되는 경향이 있다. 영어 성경도 마찬가지다. 1611년에 첫 발행된 킹 제임스 버전 성경에는 ape라는 단어가 열왕기(상) 10장 22절과 역대기(하) 9장 21절에 등장한다. 대표적인 현대 영어 성경인 the New International Version(NIV)도 이 부분을 monkey가 아닌 ape로 표현한다. 그러나 한국어 성경은 이 단어를 원숭이 또는 잔나비로 번역한다.

제 10 장

새벽을 알리는 전령 · 닭

닭이 조선의 건국을 도왔다

조선을 건국한 이성계와 관련한 전설 두 개에 닭이 등장한다. 먼저 조선 후기 홍만종(洪萬宗, 1643~1725)의 『순오지(旬五志)』에는 닭이 이성계가 왕이 될 조짐으로 등장한다.

이성계가 안변에서 잠시 살았는데, 꿈에 여러 집의 닭이 일시에 울고, 허물어진 집에 들어가서 세 서까래를 졌으며, 또 꽃이 떨어지고 거울이 떨어졌다. 문득 놀라 깨니, 곁에 한 노파가 있었다. 그 징조를 물으려 하니 노파가 만류하며 말하기를, "말하지 마시오. 장부의 일은 보잘것없는 여인이 알 바가 아니오. 서쪽으로 가면 설봉산 굴 안에 기이한 중이 있으니, 가서 물어보시오." 하는 것이었다.

이성계가 곧 찾아가서 예를 행하고 물으니, 중이 축하하며 말하기를, "여러 집의 닭이 일시에 운 것은 고귀위(高貴位: 높은 지위를 얻는 것)요, 세 서까래를 진 것은 왕(王) 자요, 꽃이 떨어지고 거울이 떨어진 것은 왕이 될 징조이니, 아예 입 밖에 내지 마시오." 하였다. 닭의 울음소리가

'고귀위'의 음과 서로 같기 때문에 이렇게 말한 것이다.*

다음은 이성계의 황산대첩과 관련된 이야기다. 왜구 정벌에 나선 이성계가 남으로 진군하는 도중 남원으로 가는 길목인 용계 마을에 이르렀고, 피곤해서 잠이 들고 말았다. 그러나 동네 닭들의 우는 소리에 깜짝 놀라 잠을 깼고, 급하게 왜구를 격퇴할 수 있는 길목인 황산벌 좁은 길목에 병사들을 매복시켰는데, 그제서야 어둠 사이로 첫닭 울음소리가 들렸다. 이성계가 잠결에 들었던 닭 울음소리는 왜구를 격퇴할 시간을 벌 수 있도록 먼동이 트기 한참 앞서 울려 퍼진 계시였던 셈이다. 황산대첩을 승리한 이성계는 귀향길에 용계마을에 들러, "용의 화신인 닭이 울어서 대승을 거둘 수 있었다."면서 기뻐했다고 한다.

십이시에서 열 번째 시간을 가리키는 유시(酉時)는 닭이 활동을 시작하는 새벽이 아니라 닭의 주요 휴식 시간인 17시부터 19시까지를 나타낸다. 농경시대의 중국 사람들은 유시에 닭장의 문을 걸어 잠가 야생동물들의 침입을 막았던 것이다.

---

* 『旬五志』: "上時寓安邊, 夢萬家鷄一時鳴, 入破屋負三椽, 又花落鏡墜. 忽驚悟, 傍有一老婆, 欲問其兆, 婆止之曰, 莫說. 丈夫事, 非公麼女人所可知. 西去, 雪峯山窟中有異僧, 可往問之. 上卽往訪, 禮而問焉. 僧賀曰, 萬家鷄一時鳴者, 高貴位, 負三椽者, 王字也. 花落鏡墜, 興王之兆, 愼勿出口. 蓋鷄鳴聲與高貴位, 音相同故云."

그림 10-1 鷄 자형의 변천

사람을 닭으로 비유할 때

계(鷄, 간체자 鸡)는 자형을 봐도 새의 일종이라는 것을 알 수 있다. '새 조(鳥)'가 의미부이고, '어찌 해(奚)'가 소리부다. 奚는 하인을 뜻하기도 하는데, 특히 계집종을 뜻했다. 따라서 鷄는 머리를 묶은 계집종처럼 생긴 볏을 가지는 새[隹: 새 추]라는 뜻을 담았다.[14]

닭을 뜻하는 鷄와 할미를 뜻하는 婆가 합쳐지면 지포[鷄婆: 암탉]라는 단어가 만들어지는데, 본뜻은 라오무지[老母鷄: 암탉]를 뜻하나, 중국 방언 중 하나인 민남어의 개포[家婆: 참견하다]와 발음이 비슷해 참견쟁이를 비꼬아 가리키는 어휘로 발전했다. 이외에도 닭을 가리키는 지[鷄]와 기녀를 뜻하는 지[妓]의 발음이 같아서 지뉘[妓女: 창녀]를 의미하기도 한다.

이처럼 닭을 뜻하는 鷄가 사람을 비유하는 표현으로 쓰일 경우 대부분 부정적인 의미를 갖는다. 철로 만든 수탉이라는 뜻의 톄궁지[鐵公鷄]는 구두쇠, 인색한 사람을 가리킨다. 헐후어(셰허우위[歇

後語])인 '톄궁지, 이마오부바[鐵公雞, 一毛不拔: 철로 만든 수탉, 털 하나도 뽑히지 않는다]'에서 온 어휘로, 털 한 가닥도 뽑히지 않으려고 철갑옷을 입은 수탉을 상상하면 왜 구두쇠를 뜻하게 되었는지 유추할 수 있다.

또한 우리가 '물에 빠진 생쥐'라고 표현하는 것을 중국어로는 '물에 빠진 닭'이라는 뜻의 뤄탕지[落湯雞]라고 표현한다. 온몸이 물에 흠뻑 젖은 사람의 모습을 닭의 깃털이 물에 흠뻑 젖어 볼품 없이 축 늘어진 꼴에 비유한 표현이다. 개천에서도 용이 나고 쥐구 멍에도 볕 들 날이 있다는데, 이와 비슷한 의미의 중국어 속담은 '닭장에서 황금 봉황이 날아오른다'는 뜻의 지워리페이진평황[雞窩裡飛出金鳳凰]이다. 여기서 닭장을 뜻하는 지워[雞窩]는 사람이 살아가기에는 열악한 환경이나 조건을 비유하는 표현이다.

닭 털과 마늘 껍질

지마오[雞毛: 닭 털]와 쏸피[蒜皮: 마늘 껍질]는 모두 쓸모없고 하 찮아 버려지는 것들이다. 그래서 지마오쏸피[雞毛蒜皮]는 사소하 고 보잘것없는 것이나 일을 비유적으로 가리키는 사자성어다. 지 마오쏸피[雞毛蒜皮]와 관련된 흥미로운 전고(典故)가 있다.

옛날에 두 이웃이 있었는데, 동쪽 집은 닭을 팔아 생계를 꾸렸고 서쪽 집은 마늘을 팔아 생계를 꾸렸다. 두 집안은 아주 힘겹게 장사를 하며 살고 있었다. 닭을 팔려면 일찍 일어나 온 땅 바닥이 닭 깃털로 가득 찰 정도로 닭 털을 뽑아야만 했다. 한편 마늘을 팔려면 일찍 일어나 온 땅 바닥이 마늘 껍질로 가득 찰 정도로 마늘을 까야만 했다. 원래 두 집안 은 별 문제없이 살았지만, 바람이 불면 일이 생겼다. 동풍이 불면 닭 깃 털이 서쪽 집 마당으로 날아갔고, 서풍이 불면 마늘 껍질이 동쪽 집 마 당으로 날아갔다. 두 집안은 이 문제로 자주 다투었다. 하루는 두 집안 의 갈등이 고조됐는데, 마늘장수와 닭장수가 치고박는 싸움으로 번져 양쪽 다 다치게 되어 결국 관아까지 가게 되었다. 현관(縣官)는 닭 털, 마 늘 껍질 같은 사소한 일 때문이라는 것을 알고 "이런 닭 털, 마늘 껍질 같은 사소한 일로 관아까지 오다니! 둘 다 곤장 열 대씩 맞고 돌아가서 반성하라!"라고 말했다. 이를 본 사람들은 현관이 불공평하다고 말하기 도 하고, 옳다고 말하기도 했다. 후에, 지마오쏸피[雞毛蒜皮]라는 말이 퍼지면서 점차 사소하고 눈에 띄지 않는 것, 또는 가치가 적은 것을 가 리키는 데 사용되었다.[15]

이와 비슷한 의미의 성어가 또 있는데, 닭과 개가 만나서 이룬 지링거우수이[雞零狗碎]라는 성어다. 숫자 영(0)을 가리키는 링[零] 과 '부서지다, 깨지다'를 가리키는 수이[碎]가 합해져 '자잘하다, 자질구레하다'라는 뜻의 링수이[零碎]가 되었으며, 여기에 닭과 개 가 붙어, 지링거우수이[雞零狗碎]는 '쓸데없이 자질구레하다'라는 뜻이 되었다.

한 가지 재미있는 점은, 우리가 쓰는 '닭살 돋는다'라는 표현을

중국에서는 닭살 대신 지피[雞皮: 닭 껍질]를 써서 만들어낸다는
것이다. 추위나 공포로 인해 소름이 돋을 때, 중국인들은 닭 껍질
에 거다[疙瘩: 뾰루지, 여드름]를 붙여 '지피거다[雞皮疙瘩: 소름, 닭
살]'라고 한다.

닭이 지닌 오덕

닭과 관련해 '계유오덕(鷄有五德)'이라는 말이 전하는데, 문헌에
따라 오덕이 조금 다르다.

먼저 한나라 때 한영(韓嬰)이 지은 『한시외전(韓詩外傳)』에 전하
는 내용은 인의예지신(仁義禮智信)을 말한다.

첫째, 서로 불러 먹이를 취하니 인의 덕이다[相呼取食, 仁之德也].

둘째, 싸움에 임했을 때 물러서지 않으니 의의 덕이다[臨戰不退, 義之
德也].

셋째, 의관을 바르게 썼으니 예의 덕이다[正其衣冠, 禮之德也].

넷째, 항상 경계하여 지켜내니 지의 덕이다[常戒防衛, 智之德也].

다섯째, 어김없이 때를 알리는 신의 덕이다[無違時報, 信之德也].

반면, 『설문』에는 오덕으로 문무용신의(文武勇信義)를 꼽는다.

첫째, 머리에 관을 쓰고 있으니 문이다[一曰頭冠爲文].

그림 10-2 신윤복의 〈투계도〉

둘째, 발에는 발톱이 있으니 무이다[二曰足距爲武].

셋째, 적과 맞서 싸우니 용이다[三曰逢雄則鬪爲勇].

넷째, 울어서 때를 놓치지 않으니 신이다[四曰鳴而不失時爲信].

다섯째, 먹이가 생기면 서로 불러 함께 먹으니 의이다[五曰有食相呼共
啄爲義].

모두 닭에 대한 예찬으로, 닭을 사람에 견주어 평가한 것이다.
또한 조선 후기 김창흡(金昌翕, 1653~1722)은 닭의 생태와 오덕에
주목해 「닭을 읊다[詠雞]」(『三淵集』권14「葛驛雜詠」5)라는 시를 남
긴 바 있다.

오락가락 돌아다니며 부리와 발톱으로 벌레 한 마리 잡아

觜距千營掘一蟲

굶주림 잊고 여러 새끼들에게 나누어 먹이네.　　　　忘飢割與衆雛同

하늘에서 부여받은 천륜의 오덕을 알고 있는 듯　　　天倫五件知均賦

유독 자애로운 마음으로 본성을 드러내네.　　　　　獨見慈腸著降衷

이세 신궁에서 닭을 키우는 까닭

닭[鷄]은 일본어로 '니와토리(にわとり)'인데, 니와[庭]와 도리[鳥]
에서 알 수 있듯이 집에서 키우는 새, 즉 가금류라서 붙여진 이름
이다. 家鷄라고 쓰고 '니와토리'라고 읽기도 한다. 또 일반적으로
도리[鳥]라고 하면 닭을, 도리니쿠[鳥肉]라고 하면 닭고기를 의미
한다. 675년 육식 금지령이 내려진 이후 일본인들은 비단 고기뿐
만 아니라 달걀도 피했다고 전해진다.

고대에는 시간을 알리는 동물로서 신성시되었고, 주로 애완동
물로 키워졌다. 일본 문헌 중 닭이 최초로 등장한 것은 712년 편
찬된 『고지키[古事記]』다. 바로 도코요[常世: 신화 속 영원불멸의 나
라]의 나가나키토리[長鳴鷄]다. 일본 신화에서 해를 관장하는 신
아마테라스오미카미[天照大御神]가 남동생인 스사노오노미코토
[須佐能袁命]의 난폭한 행동을 피해 석굴에 숨어들자, 천상계는 깜
깜한 어둠이 계속되고 재앙이 빈번해졌다. 이를 수습하고자 모든
신이 석굴 앞으로 모여들었는데, 제일 먼저 아마테라스를 유인하

는 방책으로 편 것이 도코요에 있는 모든 닭을 모아서 울게 하는 것이었다. 닭은 천상계에서도 새벽을 알리고 신을 부를 수 있는 신성한 존재였던 것이다.

　지금도 아마테라스를 모시는 대표 신사인 이세 신궁[伊勢神宮]에서는 닭을 키우는데, 이를 신케[神鷄]라 한다. 또한 20년을 주기로 새로운 신전을 짓고 제신에게 제사 지내는 식년천궁(式年遷宮) 때 닭의 소리를 세 번 내는 의식을 행한다. 일본의 신사 앞에 세우는 기둥인 도리이[鳥居]도 이와 연관된다. 도리이는 인간과 신의 세계의 경계를 나누는 일종의 관문인데, 닭을 어둠에서 밝음을 알리는 신의 전령이라고 믿는 신앙에서 '닭이 머무는 자리'라는 명칭이 유래했다는 설이 있다.

　머리에 열이 오를 정도로 화가 났을 때 자주 사용되는 일본어

그림 10-3 교토 가미가모 신사의 도리이

관용구 중에 '아타마니 쿠루[頭に来る]'가 있다. 심한 분노의 감정이 머리로 몰아친다는 것인데, 유의어로 '도카사니 쿠루[鶏冠に来る]'라는 표현도 사용된다. 도카사[鶏冠]는 일본어로 닭 벼인데, 화가 나 분노의 감정이 머리를 지나 벼까지 올라갈 정도를 뜻하거나 혹은 화가 나서 얼굴이 붉어진 것을 닭 벼에 비유한 말이다.

소크라테스는 독배를 마시기 전에 왜 수탉을 빚졌다고 말했나?

영어에서 닭의 일반어는 chicken이다. 수탉을 cock 또는 rooster, 암탉을 hen, 어린 수탉을 cockerel, 병아리를 chick이라 한다. 수탉[rooster]은 남성적인 특성인 정욕, 공격성과 관련이 있다. cocksure 또는 cocky는 수탉과 관련되어 '자신만만함'을 의미한다. 암탉[hen]은 종종 보호 본능, 그리고 가정성과 같은 모성[mother hen]적인 특성과 관련이 있다. chick은 어린 암탉인 영계로, 젊은 여성을 가리키는 모욕적인 말로 사용되기도 한다. chick literature(칙릿 Chick Lit으로 줄여 부른다)는 젊은 여성 독자를 겨냥한 소설 장르를 의미한다. chicken은 구어에서 미숙한 사람, 애송이, 매력적인 계집아이, 영계를 의미하며, 속어에서는 겁쟁이, 비겁자, 신병을 의미한다.

치킨 게임(chicken game)은 두 대의 자동차가 마주 보고 돌진하는 시합으로, 정면 충돌을 피해 먼저 핸들을 꺾는 쪽이 지는 담력 겨루기 게임을 의미한다. 이러한 벼랑 끝 전술이 만약 전쟁 등과 관련된다면 끔찍한 일이 발생할 수 있다.

흥미로운 사실은 현재의 프랑스와 관련된, 고대 켈트족이 살았던 갈리아 지역의 이름인 Gallic과 수탉을 의미하는 라틴어 gallus의 발음이 유사해 프랑스인을 수탉[rooster]으로 불렀다는 것이다. 수탉은 오랫동안 프랑스의 상징으로 여겨져왔으며, 프랑스 문화와 문명을 상징하는 동물이었다. 또한 프랑스 혁명 시기에도 수탉은 프랑스의 상징이었다.

그리스 신화에서 수탉이 새벽에 울게 된 이야기는 다음과 같다. 알렉트리온(Alectryon)은 아레스가 헤파이스토스의 아내인 아프로디테와 사랑을 나누는 동안 보초를 서도록 세워둔 청년이다. 그러나 알렉트리온이 잠이 드는 바람에 태양신 헬리오스가 그들의 사랑을 목격하고 헤파이스토스에게 알렸다. 아레스는 이 사실에 분개하여 알렉트리온을 새벽에 해가 떠오르면 항상 우는 수탉으로 만들었다. Alectryon의 고대 그리스어를 영어로 옮기면 rooster다. 그리스 문화에서 닭은 때로 미래를 예측하는 수단으로 사용되었다. 중요한 의사 결정을 내릴 때 닭의 모이를 흩어놓고 닭이 모이를 먹으면 그 안을 수용하고, 먹지 않으면 거부하는 방식을 택했다.

기원전 5세기의 그리스 철학자 소크라테스는 독배를 마시기 전에 "크리톤, 아스클레피오스에게 수탉을 빚졌네. 기억했다가 빚을 갚아주게."라고 말했다고 플라톤이 『대화록』「크리톤(Kriton)」에 기록했다. 당시 아테네 사람들은 병에 걸리면 의술의 신 아스클레피오스에게 기도를 하고 신전에 수탉을 바치는 관습이 있었다고 한다. 소크라테스는 죽음을 삶이라는 병에서 치유된 상태로 간주하여 아스클레피오스에게 수탉 한 마리를 빚졌다고 말한 것으로 보인다.

기독교 성경에서 닭은 회개와 그리스도의 재림을 상징한다. 누가복음 22장 34절에서 예수는 베드로에게 "베드로야, 내가 네게 말하노니 오늘 닭 울기 전에 네가 세 번 나를 모른다고 부인하리라."라고 했다. 가톨릭 성당의 종탑에는 수탉 풍향계

그림 10-4 영국 월트셔주
성 바솔로뮤 성당 첨탑의 수탉

[rooster weather vane]를 흔히 볼 수 있다. 성당 종탑의 닭 모양 장식은 '베드로의 회개'를 상기시키고, 예수가 재림하면 가장 먼저 닭이 그 소식을 알려줄 것이라는 희망도 담고 있다.

제 11 장

충의와 효성의 상징 · 개

술시(戌時)는 개가 집을 지키는 시간

십이시에서 열한 번째 시간을 가리키는 '술시(戌時)'는 개의 주요 활동 시간인 19시부터 21시까지를 나타낸다. 중국의 아동 계몽서인『삼자경(三字經)』에 이런 구절이 나온다. "개는 밤을 지키고 닭도 새벽을 알리는데, 만약 배우지 않는다면 어찌 사람이라고 할

그림 11-1 犬 자형의 변천

그림 11-2 狗 자형의 변천. 狗는 금문에서부터 보인다.

수 있겠는가[犬守夜, 鷄司晨, 苟不學, 曷爲人]?"

개는 집을 지키면서 침입자나 이상한 낌새가 있을 경우 마구 짖어대니, 술시가 바로 개가 집을 지키는 시간이다.

봉산탈춤 가운데 〈양반과장〉에서 진한이 취발이에게 이르는 말에서 개가 등장하는데, 개의 습성을 오륜(五倫)에 빗대어 표현한다.

들어보거라.

개에게도 오륜이 있으니, 털색이 서로 비슷하다[毛色相似] 하니, 부자유친(父子有親)이요,

주인을 알아보고는 짖지 않는다[知主不吠] 하니, 군신유의(君臣有義)요,

개 한 마리가 짖으면 동네 개가 모두 짖어댄다[一吠衆吠] 하니, 붕우유신(朋友有信)이라.

새끼를 배면 절대로 수캐를 가까이 하지 않는다[孕後遠夫] 하니, 부부유별(夫婦有別)이요,

작은 놈이 큰 놈에게 덤비지 않는다[小不大敵] 하니, 장유유서(長幼有序)라.

충의와 효성의 상징, 개

개는 신화에서 충성스런 심부름꾼으로 나타나며, 이승에서 저

승으로 가는 길을 안내하는 동물로 묘사되어 있다. 또한 예로부터 개는 집지킴, 사냥, 맹인 안내, 수호신 등의 역할뿐 아니라 잡귀와 병도깨비, 요괴 등이 일으키는 재앙을 물리치고 집안의 행복을 지키는 능력이 있다고 전해진다. 더욱이 허약한 몸을 보신하는 고기를 제공하는 동물이기도 하다. 반면 비천함을 상징하는바, '개 눈에는 똥만 보인다'거나 '개 꼬리 3년 두어도 황모 못 된다' 같은 속담이 그런 예다.

개는 인간의 생활에 밀착된 동물로서, 인간을 잘 따르는 습성을 충의(忠義)와 효성(孝誠)으로 비유한 경우가 많다. 따라서 의구(義狗)와 효구(孝狗)는 다양한 형태로 기록되어 있다.

먼저, 조선 후기 유언호(兪彦鎬, 1730~1786)가 기록한 남원 의구에 관한 이야기다.

양공 응항의 처 홍씨는 사인인 재의 따님으로 남원이 그 사는 곳이다. 홍씨가 일찍이 개를 한 마리 길렀는데 허리가 길고 다리는 짧으며 두 귀가 뾰쪽하게 솟았고 고기를 던져주어도 물리치고 물지 않았으니 대개 다른 개와 달랐다. 홍씨가 시집가서 한 해를 넘겼을 즈음 집안사람이 개를 데리고 돌아왔는데 때는 마침 매우 어두웠고 여러 부녀자들이 막 방에서 시끌벅적하게 웃고 떠들었다. 개가 잠깐 홍씨의 소리를 듣고 펄쩍 뛰어 앞으로 나아가더니 이날부터 침실 밖에서 자며 떠나지 않았다. 하루는 공이 멀리 나아가며 두 어린 동생을 남겨놓아 집을 지키게 하였다. 두 동자가 깊은 밤에 책을 읽는데 횃대의 닭이 갑자기 날개를 푸다닥거리며 놀라 울기에 빨리 문을 열고 보니 개가 곧장 암탉을 잡아 느긋하게 가고 있었다. 두 동자가 마침내 발로 차서 빼앗았지만 그 이유를 알지 못했다. 얼마 있다가 여자 심부름꾼이 홍씨가 일찍이 질병을 앓고 있었는데 심하게 발작하여 거의 죽게 되었다고 알렸다. 무슨 약으로 치료할 수 있는지 물으니, 통상 암탉의 즙을 써서 그 급함을 구할 뿐이었다고 하였다. 이에 두 동자가 비로소 크게 놀라 기이하게 여기고 즉시 개가 물었던 닭을 삶아 드리자 병이 마침내 회복되었다. 몇 년 뒤에 홍씨가 죽자 개가 먹지 않고 슬피 울다 염을 하고 입관함에 미쳐 개가 문지방에 턱을 받치고 묵묵히 그 처음부터 끝까지 관찰하고 이미 초빈을 하자 머리를 부딪치며 짖고 뛰어 하루 밤낮을 그치지 않다가 이윽고 기가 다해서 죽었다.*

남원 의구는 생김새와 행동부터 범상치 않다. 일 년이 넘도록 보지 못했음에도 자신을 길러준 주인의 음성을 기억하고 이후 줄곧 주인의 곁을 지키며 떠나지 않는다. 더욱이 주인의 병증을 정

---

* 『燕石』책13, 「義狗傳丁丑」: "楊公應恒妻洪氏 士人梓之女 而南原其居也 洪氏 嘗畜一狗 長腰短股 雙耳竦尖 投之肉却不噬 盖異於類也 洪氏旣嫁之逾年 家人 以其狗歸 時適昏黑 衆婦女方在堂喧笑 狗乍聆洪氏之音 躍然以前 自是日宿其寢 外不去也 一日 公遠出 留兩童弟守舍 兩童深夜讀書 塒鷄忽拍翼而驚號 亟拓戶 視之 狗直攫牝鷄 伎伎然去 兩童逐蹴而奪之 莫究其由 俄而女使報以洪氏夙抱疾 重發幾殆矣 問何藥以已之 曰 例用牝鷄汁救其急耳 於是兩童始大驚異之 卽以狗 所攫者 烹而進之 疾遂復 後數年 洪氏死 狗不食而哀嗥 迨斂而棺也 狗拄頤於閾 默觀其始終 旣殯 撞首叫擗 窮日夜不止 已而氣盡而斃."

확하게 간파하고 그 처방까지 미리 준비한다. 심지어 주인이 죽음을 맞이하자 장례를 마친 후 주인을 따라 죽기에 이른다. 비록 개는 무지하고 비천한 동물이지만, 그 충의는 어지간한 사람도 따르지 못할 정도다.

한편, 조선 후기 문신 조덕린(趙德鄰, 1658~1737)은 효성이 깊은 개를 「효구행(孝狗行)」(『玉川集』 권1)이라는 시로 표현했다.

개가 효로 이름이 났다고	狗以孝爲名
어떤 객이 나를 위하여 전해주었다.	有客爲我傳
선성(宣城: 예안의 옛 지명)에 한 마리의 개가 있었는데,	宣城有一狗
새끼 낳아 서로 사랑하며 어여삐 여겼네.	生雛相愛憐
새끼가 태어나 음식을 잘 먹게 되자,	雛生而能食
주인집에서 밥을 주며 길렀네.	主家養之飯
음식을 얻으면 자기가 먹지를 않고	得食不自食
돌아보며 짖는데 서로 부르는 듯하였네.	顧嘷若相喚
어미가 와서 먹고 반을 남기면	母來食舍半
새끼는 비로소 그 반을 먹었네.	雛始食其半
서로 사랑하는 것이 개도 또한 그러하니,	相愛物亦然
누가 그 부리는 걸 사랑하는 것이라고 하였는가.	孰云愛其使
서로 사양함이 이처럼 예가 있고,	相讓爾如禮
서로 분별함이 이처럼 의가 있네.	相分爾如義
사나운 호랑이 어찌 그리 사나운지	猛虎何不仁

하룻밤에 그 어미를 죽여버렸네.	一夜殺其母
잃어버린 어미를 장차 어디에서 찾으려나.	失母將何求
제 집 돌며 달리기도 냄새 맡기도 하였네.	遶巢走且嗅
산으로 오르고 숲으로 내려가	上山下林藪
발을 동동 구르며 울부짖었네.	躑躅以號呼
이때에 만일 호랑이를 만났다면	此時若遇虎
달려가 싸워 죽는 것을 달게 여겼겠지.	赴鬪甘自屠
먹지 않아 소리가 오열하는 듯	不食聲嗚嗚
죽을 것을 결심하여 따라 죽었네.	決死身以殉

예안의 어미 개와 새끼 개는 사랑이 각별하다. 어미는 새끼를 낳아 지극정성으로 돌보고, 새끼는 먹을 것이 생기면 반드시 어미를 먹게 한 후 나머지를 먹을 정도다. 그런데 어느 날 호랑이가 어미 개를 잡아먹는 사건이 발생한다. 하루아침에 어미를 잃은 새끼는 어미를 찾아 사방으로 이리저리 헤매고 발을 동동 구르며 울부짖는다. 만약 어미를 잡아먹은 호랑이를 만났다면 달려들어 싸워서 죽는 것도 달갑게 여겼을 새끼는 끝내 어미를 따라 죽음을 택한다.

남원의 의구와 예안의 효구는 만물의 영장이라는 인간조차 실천하기 어려운 충의와 효성을 구현한 특별한 사례다.

제11장 | 개

충직한 犬, 개만도 못한 狗

개를 뜻하는 한자로 犬(견)과 狗(구)가 있다. 犬은 狗보다 더 오래된 글자로 갑골문에서도 볼 수 있지만, 狗는 금문에서부터 보인다. 따라서 犬이 狗보다 먼저 생긴 글자라는 것을 알 수 있다.

취안[犬]은 거우[狗]보다 좀 더 격식을 갖춰 말하는 느낌으로, 한국어의 '××견'에 해당한다. '××견'이라는 말을 강아지에는 잘 쓰지 않는 것처럼, 犬은 큰 개에 쓴다. 중국어에서 강아지는 狗에 '작을 소(小)' 자를 붙여서 샤오거우[小狗]로 나타낸다. 샤오취안[小犬]이라는 말이 있긴 하지만 잘 쓰지 않고, 대신 취안쯔[犬子]를 쓴다. 예를 들어, 다음과 같은 표현을 보면 그 의미하는 바가 전혀 다르다는 것을 알 수 있다.

- 워먼쟈더샤오거우[我們家的小狗]: 우리 집 강아지(동물 지칭)
- 워먼쟈더취안쯔[我們家的犬子]: 우리 집 강아지(아들 지칭)

위에서 보듯이, 취안쯔[犬子]는 진짜 동물인 강아지를 지칭하는 것이 아니라 자신의 어린 아들을 겸손하게 가리키는 표현이다.

대부분 부정적인 어휘로 형성된 거우[狗]에 비해 취안[犬]으로 형성된 어휘는 상대적으로 긍정적인 의미를 갖는다. 중취안[忠犬]이라는 단어가 상징하듯이, 개는 주인에게 충성을 다한다. 충직하고 충성스러운 犬의 긍정적인 이미지는 형성된 어휘에도 그대로 이어진다. 개나 말 정도의 하찮은 힘이라는 뜻의 취안마즈라오[犬馬之勞: 견마지로]는 보통 자신의 노력을 겸손하게 낮추어 이르는 말이다. 개나 말이 주인에게 가지는 충성심이라는 뜻으로, 신하가 군주에 대한 충성심을 나타낼 때 쓰는 취안마즈신[犬馬之心: 견마지심] 또는 거우마즈신[狗馬之心: 구마지심]은 보통 자신의 진심을 낮추어 이르는 말이다.

현대 중국어에서 취안[犬]보다 훨씬 높은 사용 빈도를 보이는 거우[狗]는 부정적인 표현에 쓰이는 경우가 압도적으로 많다. 개는 충직의 대명사이기도 하지만 일상생활에서 흔히 볼 수 있고, 집주인에게 밥을 얻어먹거나 똥을 먹는 습성 때문에 비천하고 비열하며 하찮은 존재로 인식된 것으로 보인다. 한국 속담 '제 버릇 개 못 준다'에 해당하는 중국어 표현은 '개는 똥을 먹는 버릇을 고치지 못한다'는 뜻의 '거우가이부랴오츠[狗改不了吃屎]'다.

狗가 사람을 비유할 경우 사람을 비하하는 의미, 심지어 욕으로 쓰인다. 중국어에서는 욕설에 개가 심심찮게 등장한다. 중국인에게 狗는 집을 지켜주는 충직한 동물임에도 보통 집 앞, 문 앞에서 집을 지키는 특성 때문에 '앞잡이'라는 의미의 저우거우[走狗]라는 표현과 '문지기'라는 의미의 칸먼거우[看門狗]라는 표현에 등장한다. 둘 다 사람에게 쓰여 부정적인 뜻을 가진다. 이렇게 개의 부정적인 이미지를 통해 사람을 폄하할 때 쓰는 표현은 (권력자의) 측근 또는 앞잡이를 뜻하는 칸쟈거우[看家狗] 말고도 미친 개라는 뜻의 펑거우[瘋狗]가 있다.

좀 더 노골적인 욕설로는 거우냥양더[狗娘養的: 개자식], 거우둥시[狗東西: 개 같은 놈], 거우자중[狗雜種: 개잡놈] 등이 있는데, 사람이 개만도 못하다는 뜻의 욕으로 사용된 것들이다. 거우냥양더[狗娘養的]는 어미가 사람이 아닌 개라는 말로, 개가 키웠기 때문에 '개새끼'라는 욕이 된다. 거우둥시[狗東西]에서 둥시[東西]는 물건(사물)을 뜻하는데, 사람에게 쓰일 경우 사람을 물건 취급하는 것이 되어 욕이 되었다. 거우자중[狗雜種]은 막무가내로 교배하는 개의 특성을 따서 잡종을 뜻하는 자중[雜種]과 붙어 욕설이 되었다.

개의 신체 일부를 나타내는 어휘들이 사람을 비하하는 표현으로 쓰인 경우도 있는데, 거우옌[狗眼: 개 눈], 거우주이[狗嘴: 개 주둥이], 거우투이[狗腿子: 개 다리] 등이 그러하다. 이뿐만 아니라 툭하면 성질을 내는 사람의 괴팍하고 더러운 성격을 '개 같은 성질'이라는 뜻의 거우피치[狗脾氣]라고 한다. 중국어에서는 거우[狗]의 쓰임이 무진무궁한데, 흔히 단어 앞에 접두사로 붙여 '狗××'로 쓰며, 한국어의 '개××' 같은 욕으로 표현할 수 있다.

狗는 사람?

거우[狗]는 현대 중국어에서 새로이 유행하는 표현들을 무궁무진하게 만들어냈다. 앞서 등장한 거우옌[狗眼]은 본래 인터넷상에 게시된 악의적인 글이나 그림이 놀랍거나 역겨울 때 스스로를 조

소(自嘲)하며 쓴 표현이었다. 보통 거우옌칸런디[狗眼看人低: 개 눈
으로 사람을 얕보다]'로 쓰며, 사람을 업신여기고 깔보는 것을 가리
킨다. 또한 독신 혹은 연인이 없는 상태를 의미하는 광군얼[光棍
兒]이라는 단어가 있지만, 몇 년 전부터 짝이 없는 자신의 신세를
비하하며 유머러스하게 표현한 인터넷 용어 단선거우[單身狗: 독신
개]가 대대적으로 유행했고, 현재에도 많이 쓰이고 있다.

　이처럼 '××狗'는 고생을 감수하며 수고하고 바쁘게 일상을 살
아가는 직업군을 일컫거나 같은 형편이나 상황에 처해 있는 집단
을 일컫는 용어로 빠르게 만들어지고 유행되고 있다. 쟈반거우[加
班狗: 야근 개], 쟈오칭거우[矯情狗: 투정 개], 쉐성거우[學生狗: 학
생 개], 서우지거우[手機狗: 핸드폰 개], IT거우[IT狗: IT 개] 등 다양
하다. 여기서의 狗는 개 자체를 가리키는 것이 아닌 狗 앞에 쓰인
어휘의 특성이 충분히 드러나도록 행동하는 무리를 가리키는데,
특정 직업이나 분야만이 아니라 행동 특성에 쓰인다. 예를 들어
'핥는 개'라는 뜻의 톈거우[舔狗]는 개가 주인을 반기며 계속 핥는
것처럼 아무런 자존심 없이 자신을 내려놓고 타인에게 굽히는 사
람을 가리킨다. 이성 간에 쓰일 때는 상대방이 자신을 좋아하지
않는다는 것을 알지만 끊임없이 구애하는 것을 나타내기도 한다.

　狗는 명사이지만 형용사로 '개스럽다'라는 표현으로 사용되기
도 하는데, '어떤 사람이 매우 겁이 많고 옹졸하고 지질하다'라는
의미가 된다. 개가 구석에 고개를 몸속에 파묻고 웅크린 채 앉아
있는 모습을 상상하면 되겠다. 예를 들면 이렇다.

- 저거런헌거우[這個人很狗: 이 사람은 매우 개스럽다]. → 이 사람은 매우 지질하다.
- 워셴자이야오거우이보[我現在要狗一波: 나는 지금 개스럽게 하려고 한다]. → (게임 중) 나는 지금 이 판에서 짜그라져 있으려고 한다.

최근 유행하는 표현 중에 '×成狗'가 있는데, 개가 진이 빠져 헥헥거리며 힘들어하는 모습을 빗댄 표현이다. 관련 표현으로는 레이청거우[累成狗: 지쳐서 개가 되다], 쿤청거우[困成狗: 졸려서 개가 되다], 어청거우[餓成狗: 배고파서 개가 되다] 등이 있다. '×成狗'는 진짜 개가 된 것이 아니라 그만큼 지치고 힘들다는 표현을 비유적으로 나타낸 것이다.

공(公)이 된 개와 개가 된 쇼군

일본의 고유어로 개[犬, 狗]는 '이누(いぬ)'다. 일본에서 개는 고대부터 충직한 이미지를 가졌다. '개는 3일 키우면 은혜를 3년 잊지 않는다'는 뜻의 '이누와 밋카 가에바 산넨온오 와스레누[犬は三日飼えば三年恩を忘れぬ]'라는 속담이 있는데, 보통 은혜를 모르는 사람에게 개만도 못하다고 꼬집는 말이다. 한편 '고양이는 3년 은혜를 3일 만에 잊는다'라는 의미의 '네코와 산넨노 온오 밋카데 와스레루[猫は三年の恩を三日で忘れる]'라는 관용구와 함께 사용해, 개와 고양이의 생태 차이를 말할 때 사용하기도 한다.

일본에는 '공(公)'으로 불린 유명한 개가 있다. 1924년경 도쿄제 국대학의 우에노 히데사부로[上野英三郞]라는 교수가 하치(ハチ) 라는 개를 키우고 있었다. 하치는 매일같이 시부야역까지 주인을 마중 나갔다. 그러던 어느 날 우에노 교수가 학교에서 급사하고 만다. 하치는 그가 죽은 뒤에도 역 앞에서 9년이 넘게 주인을 기다 렸는데, 이 이야기가 신문을 통해 알려지면서 도쿄 시부야역에는 하치의 동상이 세워지고 '충견 하치코[ハチ公]'라 불리게 되었다. 코[公]는 보통 이름 뒤에 붙어 존경 혹은 친밀함을 표현한다. 이 동상은 현재 시부야역에서 가장 유명한 약속 장소이자 도쿄의 관 광 명소다. 이외에도 일본 전역에는 위기에서 주인을 구한 개와 관 련된 전설이 다수 존재한다.

한편, 일본의 역사 인물 중에 '개'라는 별명으로 불린 이도 있다. 바로 에도시대 5대 쇼군[將軍: 막부의 수장]인 도쿠가와 쓰 나요시[德川綱吉, 1646~1709]다. 쇼군이라 하면 당대 최고 권력자 인데, 그의 별명이 이누쿠보[犬公方]였던 것이다. 구보[公方]는 보 통 쇼군을 칭하는 다른 말이므로, 직역하자면 '개 쇼군'인 셈이다. 그의 별명이 이누쿠보가 된 사연은 이렇다.

도쿠가와 쓰나요시가 실시한 법령 중에 '쇼루이아와레미노 레이 [生類憐みの令]'라는 것이 있었다. 살아 있는 것을 애석하게 여기라 는 의미로, 생명을 가진 짐승을 함부로 죽이지 말라는 살생 금지 령이다. 육지 동물은 물론이고 어패류의 식용도 금지했고, 나중에 는 금붕어까지 살생 금지되었다. 실제로 모기 같은 곤충을 죽였다

거나 개를 놀렸다고 하여 엄벌을 받는 사례도 발생했다. 이렇듯 점차 살생 금지령의 폐해가 심각해지자 민중의 불만은 커졌다. 특히나 쓰나요시 쇼군 자신이 개의 해[戌年]에 태어났기 때문인지 개를 특별히 아꼈다고 하는데, 이에 당시 사람들은 그를 뒤에서 이누쿠보라고 불렀다는 것이다.

개와 관련한 관용구 중에는 다소 부정적인 뉘앙스를 갖는 것이 적지 않은데, 대표적으로 이누지모노[犬じもの]가 있다. '~지모노[~じもの]'는 접미사로서, 명사 뒤에 붙어서 '~와 같은 것'을 말한다. 즉, 이누지모노는 '개 같은 것'이라는 의미다. 한국과는 약간 차이가 있지만 하찮고 시시한 것을 비유하는 부정적인 의미를 내포한다. 하찮은 것을 비유하는 유사어로 개똥을 뜻하는 '이누노 쿠소[犬の糞]'가 있다. 또 인간을 졸졸 따라다니는 개의 습성과 관련해 '본노노 이누[煩悩の犬: 번뇌의 개]'라는 관용구도 있다. 번뇌는 마음과 몸을 괴롭히는 노여움과 욕망인데, 아무리 쫓으려 해도 따라오는 개와 마찬가지로 우리 주변에서 사라지지 않는다는 의미다.

세상을 밝히는 햇불을 든 개와 지옥의 하운드

개는 영어로 dog이고, 그 어원은 정확히 알려져 있지 않다. 개의 학명은 *Canis lupus familiaris*다. 학명에 영어의 family에 해당하는 라틴어 *familiaris*가 들어간 것은 가축화된 동물 중에서도 개가 유일하다. dog는 일반적으로 개를 의미하지만 수컷과 암컷을 구분

할 때는 수컷 개를 가리키며, 강아지는 puppy다. 과거 영국에서는 사냥개인 hound가 dog보다 일반적인 용어였으나 현재는 hound가 특정 견종인 하운드를 가리키는 데 사용되고 dog가 갯과 가축을 가리키는 일반적인 용어로 사용된다.

개를 가리키는 다양한 이름들은 주로 수식어를 통해 특정 기능이나 특징을 강조하며 분화되었다. 예를 들어, gundog는 총으로 쏜 새를 주워 오도록 훈련받은 사냥개, hearing dog는 청각 장애인을 안내하는 청도견, lap dog는 무릎에 앉혀 품안에서 키우는 작은 강아지, sheep dog는 양치기 개, sniffer dog는 마약 등을 냄새로 추적하는 탐지견, tracker dog는 경찰의 추격견을 가리킨다.

영어권에서 개의 위상은 개고기를 의미하는 명사가 없다는 사실에서 짐작할 수 있다. 영어에는 동물을 가리키는 단어뿐 아니라 그 동물의 고기를 따로 이르는 단어가 많이 있다. 예를 들면, 소와 쇠고기[beef], 양과 양고기[mutton], 돼지와 돼지고기[pork]가 그러하다. 하지만 서구 사회에서는 개를 먹는 전통이 없기 때문에 개고기를 가리키는 명사가 없는 것으로 보인다. 이를 통해 개를 인간의 친구로 여겼음을 알 수 있다.

영어에서 개는 충성심, 근면, 동반자, 파수꾼 같은 긍정적인 의미를 가진다. 물론 개와 관련된 부정적인 표현도 있다. 예를 들어 'go to the dogs'는 어떤 상황이 급속히 나빠질 때 사용된다. 'lead a dog's life'는 '가난한 삶을 살다'라는 의미이고, 'die like a dogs'는 '불명예스럽게 죽다'를 의미한다. 또한 중립적인 의미로, '비가 억수로 오는 것'을 가리키는 영어 표현인 'rains dogs and cats'가 있다. 이 표현은 북유럽 신화에서 dog와 wolf는 바람, cat은 비를 상징하는 것에서 유래한다.

기독교 성경에서 dog는 21번 언급되지만 거의 부정적인 의미로 쓰인다. 예를 들어, 잠언 26장 17절에서는 "상관도 없는 분쟁에 끼어드는 것은 지나가는 개의 귀를 잡는 격이다"라고 언급된다. 베드로후서 2장 22절의 "'개는 제가 토한 것을 도로 먹는다' '돼지는 몸을 씻겨주어도 다시 진창에 뒹군다'라는 속담이 그들에게 그대로 들어맞았습니다."도 부정적인 의미로 이해된다. 그러나 욥기 30장 1절에 나오는 구절은 개에 관한 표현으로서는 부정적이지만 당시 사회에서 개의 역할을 유추할 수 있게 해준다. "그런데 이제 나보다 어린것들에게 웃음거리가 되었구나. 그 아비들은 내 양 떼를 지키는 개들과도 함께 있을 수 없다고 여겼는데……"라는 구절인데, 이로써 당시 개는 양 떼를 지키는 중요한 가축이었음을 알 수 있다.

개는 도미니크 수도회를 창설한 성 도미니크의 초상화에서 입에 횃불을 문 모습으로 등장한다. 이는

그림 11-3 클라우디오 코엘로(Claudio Coello, 1642~1693)의 〈산토도밍고 데 구스만(Santo Domingo de Guzmán)〉

성 도미니크의 어머니가 도미니크를 임신했을 때 개가 입에 횃불을 물고 뛰어다니는 꿈을 꾼 것에서 유래했다고 알려져 있다. 개가 물고 있는 횃불은 세상을 밝히는 불을 상징한다.

그와 정반대로 유럽에서는 헬하운드(hellhound)라는 신화적인 사냥개가 있다. 헬하운드는 지옥, 악마, 지하세계의 수호자나 하인을 형상화한 것으로 알려져 있다. 그리스 신화에 등장하는 3개의 머리와 사나운 성격

그림 11-4 시드니 파젯(Sidney Paget)의 『바스커빌가의 하운드(The Hound of the Baskervilles)』 삽화.

을 지닌 저승의 문지기인 케르베로스(Cerberus), 북유럽 신화에서 저승의 문을 지키는 가르므르(Garmr), 스코틀랜드 전설에 등장하는 죽음과 저승과 관련되는 유령 개 쿠시스(Cù Sìth), 영국 설화의 검은 개[black dog] 등이 헬하운드에 속한다. 이들 헬하운드의 신체적 특징은 다양하지만, 일반적으로 검은색을 띠며 비정상적으로 크고 초자연적으로 강한 붉은 눈을 가지고 있거나 불꽃을 동반하는 경우가 많다.

영국에서 헬라운드인 검은 개에 대한 최초의 언급은 12세기 「피터버러(Peterborough) 연대기」에 나타난다. 이 연대기에서 피터

버러 타운에 나타난 헬하운드는 검은색의 거대한 개로, 눈이 석탄처럼 이글이글 타오르며 혀는 사람 팔 정도로 긴 무시무시한 동물로 묘사되었다. 영국에서는 '검은 개[black dog]'는 불길한 징조로 여겨진다. 검은색의 개를 만나게 되면 사고를 당해 죽거나 불행이 찾아온다는 미신이 있어, 사람들은 길에서 검은색 개를 만나는 것을 매우 꺼렸다.

아서 코난 도일의 소설 「버스커빌가의 하운드(The Hound of the Baskervilles)」는 한국에서 주로 '버스커빌가의 개'로 소개된다. 이 소설에서는 공포 장치로서 소름 끼치게 무시무시한 검은색의 하운드가 등장한다. 이 하운드는 고택과 황야, 바위산 등과 더불어 공포스러운 분위기를 자아내며 이야기를 전개한다. 이 소설은 셜록 홈즈의 이야기로, 잉글랜드 남서부 데본 지방 다트무어 고원에 나타난 검은 개[Dartmoor's Black Dog]의 전설에서 영감을 받아 작성되었다.

제 12 장

재물과 복의 상징 · **돼지**

돼지를 가리키는 다양한 한자들

돼지는 재물과 복을 상징하는 대표적인 동물이다. 따라서 돼지꿈을 꾸면 곧장 복권을 사곤 한다. 돈을 모으는 저금통 모양의 대다수가 돼지인 이유다. 그런데 정작 십이시의 마지막 시간을 가리키는 동물로서 돼지는 전혀 다르게 나타난다.

십이시에서 열두 번째 시간을 가리키는 '해시(亥時)'는 돼지의 주요 활동 시간이기보다는 열두 동물 중 가장 게으르고 탐욕스러운 돼지에게 가장 늦은 시간인 21시부터 23시까지를 나타내도록 했다고 본다.

고대 중국에서 돼지는 집 안에서 함께 기를 정도로 사람들에게 친근한 동물이자 아주 중요한 위치에 있는 동물이었다. 그래서 돼지를 가리키는 한자가 유독 많은데, 그중 시(豕) 자는 돼지를 가리키는 한자 중에서 가장 오래되었으며, 갑골문에서 볼 수 있듯이 화살에 맞아 누워 있는 돼지를 본떠 만든 상형자다. 또한 집을 가리키는 한자 가(家)는 지붕을 나타내는 갓머리(宀) 밑에 돼지를 나타내는 豕를 배치한 글자다.

갑골문	금문	초계간백	설문	진계간독	해서

그림 12-1 豕 자형의 변천

돼지를 나타내는 한자 중 흔히 쓰이는 돈(豚)은 편방(偏旁)*에 月이 있는 것에서 알 수 있듯이 식용으로 쓰기 위해 길러진 새끼 돼지를 가리킨다.

갑골문	금문	초계간백	설문	진계간독	해서
		-			

그림 12-2 豚 자형의 변천

저(豬)는 후에 만들어진 형성자로, 豕가 소리부다. 이 豕가 간화(簡化)되어 犭로 변했고, 현재 중국어에서 돼지를 가리키는 주[豬]로 변하게 되었다. 현대 중국어에서는 주로 궁주[公豬: 수돼지]라고

---

* 한자의 왼쪽과 오른쪽을 통틀어 이르는 말.

제12장 | 돼지

표현한다. 또 '오랑캐 라(玀)'가 豬 뒤에 쓰여 게으르고 미련한 사람을 욕할 때 쓰는 주뤄[豬玀: 돼지(같은 놈)]라는 단어가 되었다.

갑골문	금문	초계간백	설문	진계간독	해서

그림 12-3 豬 자형의 변천. 豬는 금문에서부터 보인다.

또한 수퇘지를 가리키는 가(豭)도 있다.

갑골문	금문	초계간백	설문	진계간독	해서

그림 12-4 豭 자형의 변천

그 밖에도 '돼지 체(彘)', '돼지 희(豨)'가 있는데, '체(彘)'는 갑골문에서 제사 이름이나 국가, 민족, 사람 등의 이름을 나타낼 뿐이며 돼지의 의미는 갖지 않았다고 한다.[16]

갑골문	금문	초계간백	설문	진계간독	해서

그림 12-5 彘 자형의 변천

체(彘)와 돈(豚)은 다르다

　일찍이『맹자(孟子)』에서는 체(彘)는 큰 돼지, 돈(豚)은 새끼 돼지로 구분했는데, 이익은『성호사설』에서 다른 견해를 주장한다. 그는 조선 후기 경세치용(經世致用)을 주장한 실학자로서, 기존 주자학의 관점에 의문을 제기하고,『예기(禮記)』「곡례(曲禮)」와『장자』를 근거로 체와 돈은 같은 짐승이 아니라는 사실을 고증한다. 이는 실사구시(實事求是)로 대변되는 실학의 학문 방법인 셈이다.

　『맹자』에, "계돈(鷄豚)과 구체(狗彘)의 기름"이라고 하였는데, 체(彘)는 큰 돼지, 돈(豚)은 새끼 돼지라 한다.

　그러나 이 체와 돈이란 것은 같은 짐승이 아니므로 둘로 나눠서 말한 것인 듯하다. 「곡례」에는, "무릇 종묘(宗廟)에 제사 지내는 예물(禮物) 이름을, 시(豕)는 강렵(剛鬣), 돈(豚)은 돌비(腯肥)라 한다."라고 하였으니, 이로 본다면 돈이라는 돼지와 체라는 돼지는 반드시 딴 종자인 것이다. 『장자』에도, "돼지 새끼는 그 죽은 어미에게 젖을 먹는다." 하였으니, 이 돈(豚)은 새끼 돼지가 아니라는 것이 분명하다.*

---

* 『星湖僿說』, 「萬物門」, '彘豚': "『孟子』曰, 鷄豚狗彘之畜, 彘大豕也, 豚豕子也. 然恐非一畜而兩言之也. 「曲禮」曰, 凡祭宗廟之禮, 豕曰剛鬣, 豚曰腯肥, 豚與彘, 必異種矣. 『莊子』曰, 豚子食於其死母豚, 非豕子明矣."

잘 길들여진 중국 돼지

돼지는 중국의 흔한 동물로, 식용으로 널리 사육된다. 1832년 중국에 사신을 다녀온 김경선(金景善, 1788~1853)은 연행 노정에서 목도한 중국 돼지의 모습을 이렇게 전했다.

돼지는 책문(柵門)에서 북경까지 어느 곳에나 있다. 도살장과 부엌에는 항시 차나 밥처럼 가득 차게 있고, 양이 그다음 순위를 차지한다. 시장 도살장에는 제육과 양육이 산더미처럼 쌓였다. 한쪽에서는 잡아내고 한쪽에서는 떼로 모여서 도살을 기다린다.

이따금 돼지나 양을 몰고 가는 것을 볼 수 있었는데, 한 떼가 수백 마리씩 되고, 떼마다 반드시 장수 격인 놈이 있었다. 그 장수는 매우 웅대하고 목에 큰 방울을 달았다. 그놈이 방울을 울리며 앞서 가면 모두 그를 따르되 감히 질서를 문란하지 않았다. 주인은 손을 드리우고 그들을 따르면서 잘못 가면 그 장수를 불러서 꾸짖을 뿐이다.*

우리나라와 달리 수백 마리의 돼지를 한 사람이 몰고 갈 정도로 잘 길들여진 모습이 시선을 사로잡았다. 김진수(金進洙, 1797~

---

* 『燕轅直指』 권6, 「留館別錄」, '禽獸': "猪, 自柵至北京, 無處無之, 用以充庖如茶飯, 而羊次之. 市上屠販, 猪羊肉如山, 一邊剝割, 一邊群聚以待屠. 往往見駈猪羊者, 一群屢百, 每群必有渠帥, 甚雄且大. 項懸大鈴, 鈴鳴而前, 衆皆隨之, 毋敢越次. 其主者惟垂手從之, 慢行則呼咄其渠帥而已."

1865)의 『연경잡영(燕京雜詠)』에서도 돼지 상인이 돼지 떼를 몰고 가는 풍경이 신기한 듯 묘사되었다.

돼지 몰고 가는 길에서[驅豚去路]

돼지 몰고 가는 길에서 둘이 서로 만났는데	驅豚去路兩相逢
돼지 몇 천 마리 풀어놓아 마구 뒤섞였네	豚放幾千成混同
많은 말 나누다가 헤어지고 떠나가자	說話周遮分手去
일시에 돼지 머리가 각각 동과 서로 향하네	一時豚首各西東

두 명의 돼지 상인이 수많은 돼지들을 몰고 가다가 우연히 만나 서로의 돼지들이 뒤섞이게 되었다. 상인들이 이런저런 이야기를 나누고 각자의 길을 떠나자, 거짓말처럼 돼지 떼도 각자의 주인을 따라 길을 나선다. 보고도 믿을 수 없는 광경으로, 이 장면을 재미나게 포착한 시다.

돼지의 눈으로 보면 다 돼지로 보인다

무학대사는 이성계가 왕이 되기 전부터 친밀한 사이로, 다양한 일화가 전한다. 그 일화 중 돼지가 등장하는데, '세상 만물이 부처의 눈으로 보면 다 부처 같아 보이고, 돼지의 눈으로 보면 다 돼지 같이 보인다'는 내용은 지금까지 널리 회자된다.

어느 봄날, 이성계는 무학대사와 함께 수창궁의 송헌(松軒)에 마주 앉았다.

이성계가 농담을 걸어 투열(鬪劣)*을 청하자 대사가 말하였다. "대왕께서 먼저 말을 거십시오."

이성계가 말하길 "내가 대사를 보니 돼지 같습니다."

그러자 무학대사가 말하길 "나는 대왕을 보니 부처 같습니다."

이를 들은 이성계가 "대사께서는 어찌하여 투열을 하지 않습니까?" 하자, 대사가 답하길 "용의 눈으로 보면 용이요, 부처님 눈으로 보면 부처입니다." 하여, 두 사람은 손뼉을 치며 크게 웃었다.

이성계가 무학대사가 돼지로 보인다고 농담을 건네자, 무학대사는 이성계가 부처로 보인다고 답변한다. 무학대사의 말은 불안돈목(佛眼豚目)으로, '부처의 눈과 돼지의 눈'이라는 뜻이다. 이는 사물은 보는 시각에 따라 평가가 달라지므로 자기 기준으로만 판단해서는 안 된다는 의미를 함축하고 있다.

일본에서는 돼지의 해가 아니라 멧돼지의 해

일본의 고유어로 돼지[豚]는 부타(ぶた)다. 일본어로 돼지 울음소리는 '부-부-(ブーブー)'로 표현되는데 여기서 유래했다는 설이

---

* 일종의 해학으로 문자로서 상대방을 욕하는 것.

있는가 하면, '크다'는 의미의 후토이[太い]에서 유래했다는 설도
있다.

일본인들은 집돼지인 부타[豚]보다는 멧돼지[猪]인 이노시시(い
のしし)와 쌓은 역사가 깊다. 우리에게 해년(亥年)은 돼지의 해지만,
일본에서는 이도시[亥年]라고 하여 이노시시, 즉 멧돼지의 해다.

이는 일본에서 오랜 기간 불교의 영향으로 대부분의 육식이 금
지되었던 것과 연관된다. 675년 육식 금지령이 내려진 후 근대에
들어 육식이 허용되기까지, 돼지는 가축화되지 못하고 1,000여
년간 멧돼지만 존재했기 때문이다. 멧돼지가 본격적으로 가축화
된 것은 근대 이후인데, 일본은 근대화 과정에서 서구인의 체격이
육식에서 비롯된 것으로 여기며 일종의 개화 운동으로 육식 문
화를 장려했다. 규나베[牛鍋: 쇠고기 전골], 돈가스 등 일본화한 서
양 음식이 이때 급속도로 퍼졌다. 돈가스는 일본어로는 돈카쓰[豚
カツ]인데, 커틀렛(cutlet)을 의미하는 가쓰레쓰(カツレツ)와 돼지를
음독으로 읽는 돈[豚, とん]이 합쳐진 말이다.

일본의 전통 문양 중에 '이노메[猪目] 문양'이 있다. 그 모양이 멧
돼지의 눈과 비슷해 붙은 이름이라는 설이 있지만, 근거는 불명확
하다. 언뜻 보면 하트 모양이다. 이 문양이 쓰인 가장 유명한 것으
로 교토의 사찰인 쇼주인[正寿院]의 전각에 있는 하트 모양의 큰
창이 있는데, 이노메마도[猪目窓]라고 불린다. 애초에는 하트를 거
꾸로 한 모양이 주류였다고 한다. 상당히 오래전부터 존재했던 문
양으로, 나쁜 기운을 막고 복을 부른다고 하여 1,400여 년 전부터

그림 12-6 교토 쇼주인의 이노메마도

사찰 건축물이나 신분이 높은 사람의 무구 등의 장식에 자주 사
용되었다.

돼지도 칭찬하면 나무에 올라간다

멧돼지[猪]는 야생동물의 특성 때문인지 앞뒤 가리지 않고 공
격하는 이미지가 있다. 맹목적으로 덤비는 것을 멧돼지에 빗댄 '저
돌적[조토쓰테키猪突的]' '저돌맹진(조토쓰모신猪突猛進)' 등의 관용구
는 일본에서 자주 사용된다. 또한 일본어에는 '이노시시무샤[猪武
者]'라는 말이 있는데, 직역하자면 '멧돼지 무사'다. 무턱대고 돌진
하기만 하고 적당히 물러설 줄 모르는 사람, 즉 무모한 사람을 빗

대는 표현이다. 또한 짧고 두꺼운 목을 '이쿠비[猪首]'라고 하는데, 의학 용어는 아니지만 속칭 거북목을 가리키는 말이다. 이처럼 멧돼지를 빗댄 관용구는 야생동물로서의 성질이나 외형과 관련된 것이 많은 반면, 집돼지[豚]가 들어간 관용구는 종종 무능함과 연관된다.

자주 사용되는 관용구 중에는 '부타노 키노보리[豚の木登り: 돼지 나무 타기]'가 있다. 돼지가 나무 타는 것은 일반적으로 일어나기 힘든 일이기에, 불가능한 일을 가리킨다. 반대로 '부타모 오다테랴 키니 노보루[豚もおだてりゃ木に登る: 돼지도 칭찬하면 나무에 올라간다]'라는 관용구도 있다. 한때 베스트셀러였던 책 제목 '칭찬은 고래도 춤추게 한다'와 비슷한데, 무능한 자일지라도 칭찬하여 용기를 북돋아주면 기대 이상의 성과를 낼 수 있다는 말이다. 본래 1970년대 TV 애니메이션에서 나온 유행어였는데, 당시 큰 인기를 얻어 지금은 일상적으로 사용된다.

돼지에게 사랑을

돼지는 영어로 pig로, 그 어원은 불확실하다. 거세하지 않은 성체 수돼지를 boar라 하고, 암돼지를 sow, 거세한 수돼지를 hog, 새끼 돼지를 piglet이라 한다. 문어(文語)에서는 swine이 전문 용어로 인식되어 pig보다 선호된다. 개, 말, 소 등이 인간의 경제생활에서 일정 부분 기능을 담당하는 반면, 돼지는 주로 식용으로만 사육되는 경향이 있다.

대부분의 서양 문화권에서 돼지는 식탐, 게으름, 뚱한 사람[sulky person], 욕심쟁이[greedy person]의 비유로, 부정적인 맥락에서 많이 사용된다. 우리말 표현에 '돼지처럼 많이 먹다'에 해당하는 것은 'eat like a horse'다. 이는 대식가를 의미하며, 추하게 많이 먹는다는 의미는 아니다. 반면 'eat like a pig'는 게걸스럽고 지저분하게 많이 먹는 것을 의미한다. 'pig out'도 탐욕스럽거나 과도하게 먹는 것을 의미한다.

돼지는 지저분함과 게으름을 상징한다. 이로 인해 돼지와 관련된 표현은 종종 부정적인 의미로 사용된다. 예를 들어 pigsty는 돼지우리처럼 더러운 집을 의미한다. 또한 'lipstick on a pig'는 '호박에 줄 긋는다고 수박 되냐'라는 우리말 표현과 비슷하다. 겉모양만 바뀌었을 뿐 성질은 변하지 않는다는 뜻이다. 'pearls before swine[돼지 목의 진주]'은 가치를 알지 못하는 사람에게 귀중한 것을 주는 것은 의미가 없다는 말이다.

또한 돼지는 (사실은 날개가 없어서지만) 뚱뚱해서 날지 못한다. 그래서 'a flying pig'는 불가능한 일을 의미한다.

돼지의 부정적인 의미는 돼지의 신체 부위와 관련된 표현에서도 발견된다. 'to make a pig's ear of something'은 '어떤 것을 엉망으로 만들다'라는 뜻이다. 이 표현은 돼지 귀가 돼지고기 중에서도 질이 낮은 부위로 인식되어 사람들이 선호하지 않는다는 사실과 돼지 자체가 더러움을 연상시키기 때문에 만들어진 것으로 보인다.

우리나라에서는 경찰을 비하해 '짭새'라는 속어를 사용한다. 이에 해당하는 영어 용어는 pig다. "The pigs who aren't in pig heaven are driving around in pigmobiles busting innocent people like me[돼지 천국에 있지 않은 돼지들이 돼지차를 타고 돌아다니며 저 같은 무고한 사람들을 괴롭히고 있습니다]."라는 영어 문장에서 볼 수 있듯이, 이 문장에서 pig는 경찰차를 타고 돌아다니면서 죄 없는 사람을 쓸데없이 불심검문하는 경찰을 가리킨다. pig가 경찰을 가리키는 비속어로 사용된 연유는 돼지가 진흙탕에 코를 킁킁거리며 냄새를 맡으며 먹이를 찾는 모습이 경찰이 사회의 어두운 곳을 탐색하고 쓸데없이 괴롭히는 것과 유사하다고 생각되었기 때문이다.

18~19세기 영국 런던에는 초기 치안국이 바우 스트리트(Bow Street)에 위치해 있었다. 이곳에서 근무하는 경찰들은 'Bow Street runner'라고도 불렸다. 또한 이 지역에는 중국 귤을 파는 곳이 있어 이곳을 'China Street'라고도 불렀다. 이로 인해 경찰을 'China Street Pig'로 비하하는 표현이 생겼고, 이를 줄여 pig라 불렀다. 그러나 20세기 초 이후로는 이러한 의미로 사용되지 않았다. 그런데 1960년대 학생 운동과 인권 운동 시위가 일어나면서 경찰을 다시 pig라는 은어로 불렀다.

그리스 신화 속의 돼지는 저돌적이고 파괴적인 부정적인 이미지로 등장한다. 사냥의 여신 아르테미스는 칼리돈(Calydon)의 왕 오이네우스(Oeneus)가 자신에게 산 제물을 바치는 것을 잊었기 때문에 사나운 멧돼지를 보내 칼리돈을 황폐화시키고자 했다. 이 멧돼지[Calydonian boar]를 잡기 위해 오이네우스의 아들 멜레아그로스(Meleagros) 등이 동원되었다. 이때의 멧돼지 사냥을 '칼리돈 사냥[Calydonian Hunt]'이라고 한다.

기독교 성경에서 돼지는 '불결하고, 성스럽지 못하고, 혐오스러운 동물'로 그려진다. 유대교와 이슬람교에서는 돼지고기 먹는 것을 금지한다. 이러한 금기는 구약 성경 레위기 11장 3절의 "돼지 굽이 갈라져 쪽발이로되 새김질을 못 하므로 너희에게 부정하니." 와 11장 4절의 "너희는 이러한 고기를 먹지 말고 그 주검도 만지지 말라. 이것들은 너희에게 부정하니라."에 근거를 둔다. 또한 신약 성경 마태복음 8장 31~32절에는 악령이 돼지 떼에 들어가 물에서 몰살당하는 장면이 나온다. 이로부터 악령이 씌인 돼지를 부정한 것으로 인식한다는 사실을 알 수 있다.

그러나 천주교와 개신교는 이슬람교나 유대교와 달리 돼지고기를 원칙적으로 금지하지 않는다. 돼지를 신성시하는 종교도 있다. 예를 들어 아일랜드에서 고대 켈트족의 종교인 드루이드(Druids)는 돼지를 신성하게 여기고 사제를 돼지, 즉 swine이라 불렀다.

돼지가 조지 오웰(George Orwell)의 「동물농장(Animal Farm)」(1945)에서 매우 똑똑한 주요 인물로 등장한다. 돼지 나폴레옹은 권력에 굶주린 독재자로, 돼지 스노볼은 나폴레옹에 맞서는 이상적인 지도자로 등장하는데, 이들은 1917년 러시아 혁명 때의 소비에트 연합의 지배층을 상징한다.

그림 12-7 존 스타인벡의 피가수스

　「분노의 포도(The Grapes of Wrath)」의 작가 존 스타인벡(John E. Steinbeck)은 돼지[pig]와 그리스 신화의 날개 달린 말인 페가수스 (Pegasus)의 합성어인 Pigasus를 자신의 인장으로 사용했다. 이것 은 현실에 발을 딛고 있지만 더 나은 세상을 열망하는 작가의 세 계관을 잘 나타낸다. 위의 Pigasus 그림은 스타인벡과 피렌체에서 만난 포시 백작(Count Fossi)이 스타인벡의 아이디어에 기반하여 그린 것이다.

참고 문헌

1   하영삼, 『한자어원사전』, 도서출판 3, 2014[2021], 244쪽 참고.

2   https://en.wiktionary.org/wiki/Template:zh-dial-map
    /%E8%80%81%E9%BC%A0 (검색일: 2022. 07. 10) 참고.

3   최정윤, 「초기 디즈니 애니메이션의 유토피아적 가능성」, 『한국콘텐츠학회논
    문지』 10권 7호, 2010.

4   하영삼, 『한자어원사전』, 도서출판 3, 2014[2021], 594쪽 참고.

5   고정옥, 『조선민요연구』, 수선사, 1949. (한국민속대백과사전https://folkency.nfm.
    go.kr/kr/topic/detail/845에서 재인용)

6   허신, 하영삼 역주, 『완역설문해자2』, 도서출판 3, 168쪽.

7   강헌규, 「국어 어원 數題」, 『공주사범대학논문집』 25: 45-62, 1987. (김태경,
    「호랑이의 어원 고찰」, 『중국어문학논집』 61: 31-46, 2010에서 재인용)

8   하영삼, 『한자어원사전』, 도서출판 3, 2014[2021], 849쪽 참고.

9   위키피디아 'Rabbit rabbit rabbit' 참고.

10 하영삼, 『한자어원사전』, 도서출판3, 2014[2021], 246쪽.

11 위의 책, 246쪽.

12 원문 http://www.360doc.com/content/19/0321/21/26252107
    _823237964.노쉬.

13 한국민족문화대백과사전 '서유기(西遊記)'. (http://encykorea.aks.ac.kr/Contents/
    Item/E0077420)

14 하영삼, , 『한자어원사전』, 도서출판3, 2014[2021], 59쪽.

15 百度百科(baidu.com) '鸡毛蒜皮(词语)' 참고.

16 王彤伟, 「"豕, 彘, 猪"的历时演变」, 『四川大学学报』(哲学社会科学版), 2010(1):
    74-79.

그림 출처

|1장|

1-1 스코틀랜드 국립 박물관(The National Museums of Scotland, Edinburgh) 소장 (https://commons.wikimedia.org)

1-2 국립경주박물관 소장 (http://www.emuseum.go.kr)

1-3 zdic (https://www.zdic.net/hans/%E9%BC%A0)

1-4 국립민속박물관 소장 (http://www.emuseum.go.kr)

1-5 일본 국립국회도서관 디지털컬렉션 (https://dl.ndl.go.jp/info:ndljp/pid/1286758?tocOpened=1)

1-6 일본 국립국회도서관 디지털컬렉션 (https://dl.ndl.go.jp/info:ndljp/pid/2540511)

1-7 일본은행 (https://commons.wikimedia.org)

1-8 저자 촬영

|2장|

2-1 통도사성보박물관 소장 (http://www.emuseum.go.kr)

2-2 zdic (https://www.zdic.net/hans/%E7%89%9B)

2-3 국립중앙박물관 소장 (http://www.emuseum.go.kr)

2-4 ©水車 (https://commons.wikimedia.org)

2-5 ©AlikaKo (https://www.shutterstock.com)

2-6 http://www.u.arizona.edu/~christed/clas353/11-21.html)

2-7 ©Kārlis Dambrāns (https://commons.wikimedia.org)

| 3장 |

3-1 국립중앙박물관 소장 (http://www.emuseum.go.kr)

3-2 zdic (https://www.zdic.net/hans/虎)

3-3 오수경, 「중국 호랑이 관련 연희의 전승 양상」, 『민속학연구』 21: 145~170, 2007.

3-4 국립중앙박물관 소장 (https://www.museum.go.kr)

3-5 月岡芳年 (https://commons.wikimedia.org/)

| 4장 |

4-1 국립경주박물관 소장 (http://www.emuseum.go.kr)

4-2 zdic (https://www.zdic.net/hans/兔)

4-3 중국 고궁박물원 소장(https://minghuaji.dpm.org.cn/paint/detail?id=e2bce6f71 e624b16851e15c7def91e7c)

4-4 John Tenniel (https://commons.wikimedia.org)

| 5장 |

5-1 국립중앙박물관 소장 ((http://www.emuseum.go.kr)

5-2 zdic (https://www.zdic.net/hans/龙)

5-3 J. R. Skelton (Illustration in the children's book Stories of Beowulf (H. E. Marshall). Published in New York in 1908 by E. P. Dutton & Company).

| 6장 |

6-1 『매일신보』 1929년 9월 12일자 '성혼 전 사망한 총각 상사사되야 처녀에게'

6-2 zdic (https://www.zdic.net/hans/蛇)

6-3 ©lienyuan lee (https://commons.wikimedia.org)

6-4 爱汉语 (https://2cn.cn/sf/she_caoshu_86C74qi.html#images-3)

6-5 ©Matsumotonaiko (https://commons.wikimedia.org)

6-6 (왼쪽) https://commons.wikimedia.org/wiki/File:WHO_logo. svg?uselang=ko, (오른쪽) https://cafe.naver.com/motiontree/362269?art= ZXh0ZXJuYWwtc2VydmljZS1uYXZlci1zZWFyY2gtY2FmZS1wcg.eyJhbbG

ciOiJIUzI1NiIsInR5cCI6IkpXVCJ9.eyJjYWZlVHlwZSI6IkNBRkVVfVVJMI
iwiY2FmZVVybCI6Im1vdGGlvbnRyZWUUiLCJhcnRpY2xSWQiOjM2MjI2
OSwiaXNzdWVkQXQiOjE2NzkyOTk5Tk5OTkwwNTQwwNTN9.8HTHZ7oniUZBz7z
jRss5B4qeedKnx4JmdcbOB─wKWA
6-7 Clark Stanley ((https://commons.wikimedia.org)

| 7장 |

7-1 zdic (https://www.zdic.net/hans/馬)

7-2 국립중앙박물관 소장 (http://www.emuseum.go.kr)

7-3 ⓒArisen (https://commons.wikimedia.org)

7-4 저자 미상 (https://commons.wikimedia.org)

7-5 Folter- und Marterwerkzeuge. In: Illustriertes Unterhaltungs-Blatt:
wöchentliche Beilage zum Darmstädter Tagblatt. Darmstadt, 1884, S.
388-389 https://www.google.com/url?sa=i&url=https%3A%2F%2Fcom
mons.wikimedia.org)

| 8장 |

8-1 zdic (https://www.zdic.net/hans/羊)

8-2 ⓒSusynoid (https://commons.wikimedia.org)

8-3 Jan van Eyck (https://commons.wikimedia.org)

| 9장 |

9-1 zdic (https://www.zdic.net/hans/猴)

9-2 ⓒbaggio4ever (https://commons.wikimedia.org)

9-3 ⓒBank Indonesia (https://commons.wikimedia.org)

9-4 ⓒKgbo (https://commons.wikimedia.org)

| 10장 |

10-1 zdic (https://www.zdic.net/hans/鷄)

10-2 국립중앙박물관 소장 (http://www.emuseum.go.kr)

10-3 ©Tetsuhiro Terada (https://commons.wikimedia.org)

10-4 ©Brian Robert Marshall (https://commons.wikimedia.org)

| 11장 |

11-1 zdic (https://www.zdic.net/hans/犬)

11-2 zdic (https://www.zdic.net/hans/狗)

11-3 스페인 프라도미술관 소장 (https://commons.wikimedia.org)

11-4 Sidney Paget (https://commons.wikimedia.org)

| 12장 |

12-1 zdic (https://www.zdic.net/hans/%E8%B1%95)

12-2 zdic (https://www.zdic.net/hans/%E8%B1%9A)

12-3 zdic (https://www.zdic.net/hans/豬)

12-4 zdic (https://www.zdic.net/hans/%E8%B1%AD)

12-5 zdic (https://www.zdic.net/hans/%E5%BD%98)

12-6 ©かんだいかいけい (https://commons.wikimedia.org)

12-7 https://www.sjsu.edu/steinbeck/resources/biography/pigasus.php

십이지 동물,
어휘 속에 담긴 역사와 문화

초판 1쇄 발행 | 2023년 7월 30일
지은이 | 김시현·이진숙·최승은·최식

펴낸곳 | 도서출판 따비
펴낸이 | 박성경
편   집 | 신수진, 정우진
디자인 | 이수정
출판등록 | 2009년 5월 4일 제2010-000256호
주소 | 서울시 마포구 월드컵로28길 6(성산동, 3층)
전화 | 02-326-3897
팩스 | 02-6919-1277
메일 | tabibooks@hotmail.com
인쇄·제본 | 영신사

ISBN 979-11-92169-28-6 93700

책값은 뒤표지에 있습니다.